子どもに伝えたい
和の技術

13

和建築《わけんちく》

ARCHITECTURE

著　和の技術を知る会

はじめに

くらしや文化、環境《かんきょう》とともに進化した和建築

みなさんの住んでいる家、通っている学校、買い物に行く店、本を借りる図書館、川を渡《わた》る橋など、これらはすべて建築物です。この本では、日本の古くからの技術《ぎじゅつ》やつくり（様式・スタイル）を受けつぐ和建築について見ていこうと思います。

古代から、身の回りにあるものをつかって家は建てられてきました。日本は森林が多いので、縄文《じょうもん》時代から植物がおもな原料としてつかわれてきています。そして、くらしや文化、環境《かんきょう》に合わせて、よりくらしやすいように、安全に快適《かいてき》に過《す》ごせるようにと進化していきました。大陸からの技術《ぎじゅつ》を吸収《きゅうしゅう》したり、国内で目的に応《おう》じて技術《ぎじゅつ》をみがいたりしながら、和建築は受けつがれてきたのです。

また、建築物が集まることで生まれる景観があります。日本各地に保存地区《ほぞんちく》があり、いまでもむかしの町並《まちな》みを見ることができます。国内外から観光客が集まり、和建築の美しさ、日本らしいくらし方が注目されています。

一方、地震大国《じしんたいこく》といわれる日本ならではの、高い耐震《たいしん》・免震技術《めんしんぎじゅつ》がつちかわれてきたことも忘《わす》れてはいけません。歴史的建造物《れきしてきけんぞうぶつ》に対する補修《ほしゅう》もおこなわれています。

この本では、和建築の種類や歴史《れきし》、技《わざ》など、さまざまな角度から和建築を紹介《しょうかい》しています。知れば知るほど日本文化の奥深《おくぶか》さを感じ、和建築のすばらしさがわかってくることでしょう。

▲『東海道五拾三次《とうかいどうごじゅうさんつぎ》　鳴海《なるみ》　名物有松絞《めいぶつありまつしぼり》』（1834年ごろ）歌川広重《うたがわひろしげ》 画

江戸《えど》時代に東海道の土産としてつくられた木綿《もめん》の布《ぬの》「有松《ありまつ》しぼり」で栄えた有《あり》松《まつ》の町並《まちな》みがえがかれています。

▲現在《げんざい》の有松《ありまつ》の町並《まちな》み

当時の面影《おもかげ》を残し、国の重要伝統的建造物群保存地区《じゅうようでんとうてきけんぞうぶつぐんほぞんちく》になっています。

もくじ

和建築の世界へようこそ・・・・・4

世界にほこる和建築…………4

各地の和建築を見てみよう…………6

和建築の技を見てみよう・・・・・10

神社や寺をつくる宮大工のスゴ技……………10

家づくりのスゴ技…………14

現代の大規模木造建築…………16

日本の家のいろいろなかたち・・・・・18

屋根とかべいろいろ……………18

住む人・時代による家…………20

修復・再建で長く生きる和建築・・・・・22

クイズで楽しむ和建築！・・・・・24

もっと和建築を知ろう・・・・・・26

和建築の歴史…………26

歴史的建造物の継承…………30

環境と人にやさしい建築…………30

和建築にかかわる仕事をするには…………31

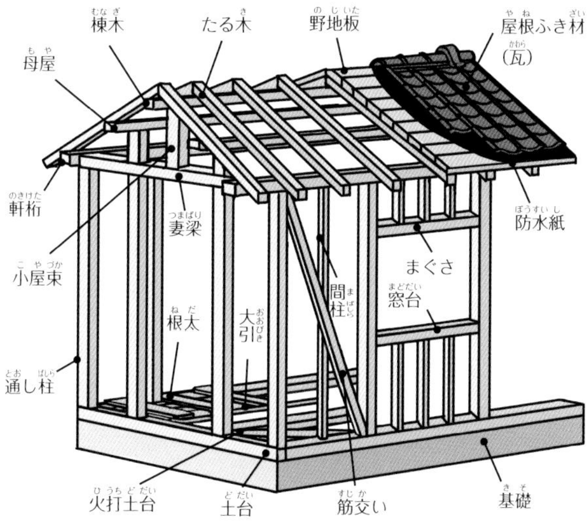

▲在来軸組工法《ざいらいじくぐみこうほう》の部材の名前

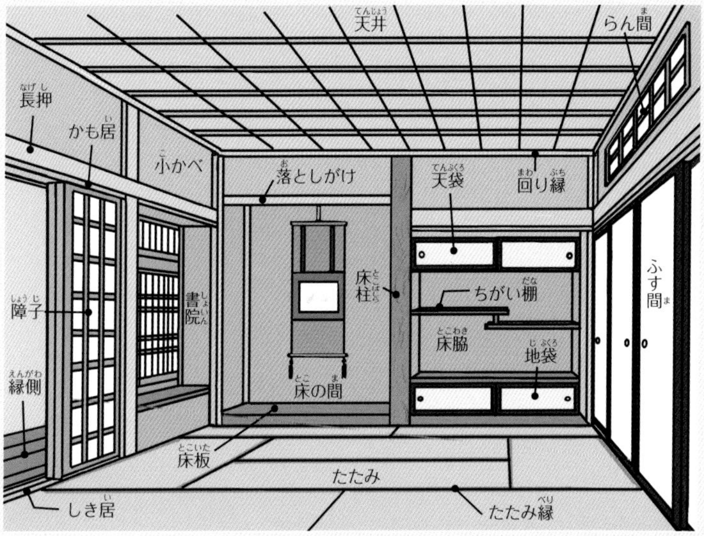

▲書院《しょいん》づくりの部分の名前

和建築の世界へようこそ

世界にほこる和建築

日本の伝統的《でんとうてき》な建築技術《ぎじゅつ》は、長い時間を経《へ》て発展《はってん》しながらみがかれてきました。そして、世界にほこるさまざまな木造《もくぞう》建築がつくられ、いまも残っています。

建てかえ続けて1300年

伊勢神宮《いせじんぐう》

2000年の歴史《れきし》をもつ伊勢神宮《いせじんぐう》は、全国にある約8万の神社のなかで、最大の聖域《せいいき》といわれています。その建築様式は、縄文《じょうもん》・弥生《やよい》時代の高床倉庫《たかゆかそうこ》の様式を受けつぎながら、宮殿形式《きゅうでんけいしき》に発展《はってん》したと考えられる「唯一神明《ゆいいつしんめい》づくり」です。ヒノキの素木《しらき》をつかい、直線を基本《きほん》としながらも柱や屋根の曲線の組み合わせによる簡素《かんそ》な美しさが特徴《とくちょう》となっています。この古代の様式がいまに伝わっているのは、690（持統天皇《じとうてんのう》4）年から20年に1度おこなわれてきた式年遷宮《しきねんせんぐう》のおかげといえるでしょう。敷地内《しきちない》の125宮《ぐう》社《しゃ》のうち2つの正宮《しょうぐう》と14の別宮《べつぐう》の社殿《しゃでん》を、それぞれ隣《となり》の敷地《しきち》に新しくつくり、神さまをうつす儀式《ぎしき》です。2013（平成25）年に62回目の式年遷《しきねんせん》宮《ぐう》があり、次は2033（令和15）年におこなわれる予定です。

▲三重県伊勢市《いせし》「神宮《じんぐう》」の内宮《ないくう》の、志摩市《しまし》にある別宮《べつぐう》「伊雑宮《いざわのみや》」。

世界最大級の木造建造物《もくぞうけんぞうぶつ》

東大寺《とうだいじ》大仏殿《だいぶつでん》

奈良時代に創建《そうけん》された東大寺ですが、戦《いくさ》による火災《かさい》に2度あい、現在《げんざい》見られるのは江戸《えど》時代（1709年）に建てられたものです。大きな大仏（東大寺盧舎那仏像《とうだいじるしゃなぶつぞう》）を安置するための建物です。その大きさは正面の幅《はば》57.012 m、奥行《おくゆ》き50.480 m、高さ48.742 mで、世界最大級の木造建造物《もくぞうけんぞうぶつ》といわれています。

◀奈良県奈良市「東大寺金堂《とうだいじこんどう》」

▲奈良県宇陀市《うだし》「室生寺《むろうじ》 五重塔《ごじゅうのとう》」(800年ごろ建立《こんりゅう》)。

心柱《しんばしら》で耐震《たいしん》に

五重塔《ごじゅうのとう》（室生寺《むろうじ》）

仏舎利《ぶっしゃり》（釈迦《しゃか》の遺骨《いこつ》）をまつるための仏塔《ぶっとう》の形式のひとつで、日本では三重塔《さんじゅうのとう》、七重塔《しちじゅうのとう》など、奇数《きすう》の屋根をもつ塔《とう》がつくられています。全国に約500か所ありますが、地震《じしん》でたおれたことがほとんどありません。各階層《かくかいそう》と中心をつらぬく心柱《しんばしら》との間にはすきまがあり、最上部でだけ接《せっ》しています。そのためヤジロベエのような構造《こうぞう》となり、揺《ゆ》れに強いのが特徴《とくちょう》のひとつになっています。写真の室生寺《むろうじ》の五重塔《ごじゅうのとう》は1998年の台風で屋根が大きく壊《こわ》れましたが、心柱《しんばしら》に影響《えいきょう》がなく傾《かたむ》かなかったおかげで、修復《しゅうふく》できました。

▼島根県松江市《まつえし》「松江城天守《まつえじょうてんしゅ》」(1611年完成)。

武家社会の象徴《しょうちょう》

城の天守《てんしゅ》（松江城《まつえじょう》）

戦国時代以降《いこう》の見晴らし台などおもに軍事施設《ぐんじしせつ》として建てられたのが天守《てんしゅ》です。高い位置に見上げるようにそびえたつ姿《すがた》は、美しいだけでなく威厳《いげん》を感じさせます。江戸《えど》時代までに建てられた現存《げんぞん》する天守《てんしゅ》は全国で12か所あり、写真の松江城《まつえじょう》もそのひとつ。「通し柱」という構造《こうぞう》で、2階分の長さの柱を、ずらしながら設置《せっち》し、4層《そう》5階建てにしています。また、柱を板でおおう「包板《つつみいた》」も見られます。

美しい景観をつくる

合掌《がっしょう》づくり（白川郷《しらかわごう》）

世界遺産《せかいいさん》に登録された白川郷《しらかわごう》（五箇山《ごかやま》とともに登録）は、大小100棟《とう》あまりの合掌《がっしょう》づくりの建物からなるおよそ300年以上続く集落です。雪深いこの地域《ちいき》で、屋根に積もった雪を落ちやすくするためにとりつけられた角度のある屋根が特徴《とくちょう》で、その形が手を合わせた「合掌《がっしょう》」に似《に》ていることから名づけられました。いまも人々がくらすことで守られる景色は、世界中の人に愛されています。

▲岐阜県大野郡白川村《おおのぐんしらかわむら》「白川郷《しらかわごう》」（江戸《えど》時代中期～）集落の様子。

▲1890年に建てられた5階建ての長瀬家《ながせけ》。

各地の和建築を見てみよう

日本全国に多くのすばらしい和建築があります。ここでは、伝統《でんとう》的《てき》なものや歴史《れきし》のあるもの、和の要素《ようそ》をとりいれた建築物など、一部を紹介《しょうかい》します。みなさんも近くの和建築を見てみましょう。

紹介《しょうかい》する和建築のある地域《ちいき》

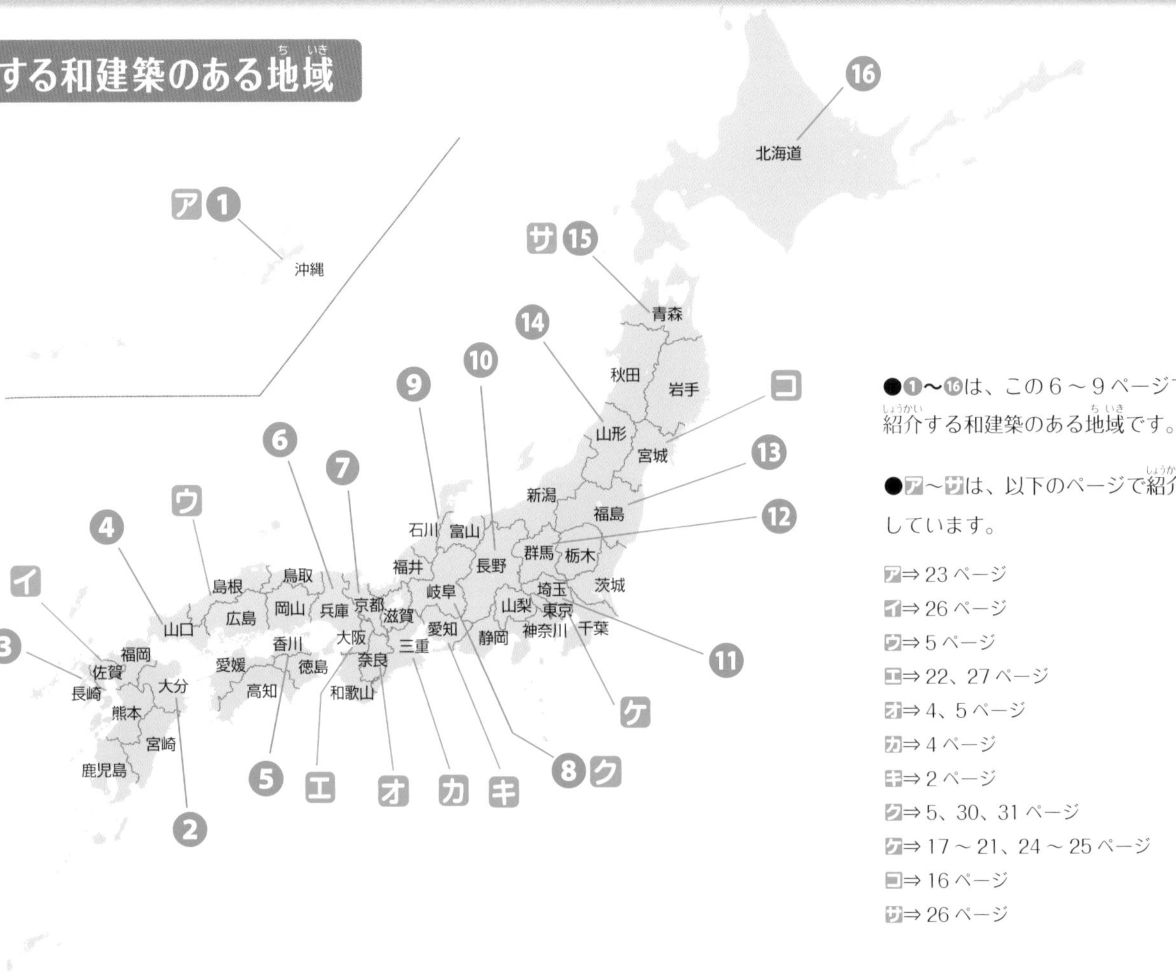

●❶～⓰は、この6～9ページで紹介《しょうかい》する和建築のある地域《ちいき》です。

●ア～サは、以下のページで紹介《しょうかい》しています。

ア⇒23ページ

イ⇒26ページ

ウ⇒5ページ

エ⇒22、27ページ

オ⇒4、5ページ

カ⇒4ページ

キ⇒2ページ

ク⇒5、30、31ページ

ケ⇒17～21、24～25ページ

コ⇒16ページ

サ⇒26ページ

❶ 沖縄県 沖縄の気候に合った民家群 竹富島《たけとみじま》の赤瓦《あかがわら》の町並《まちな》み

青空の下に、赤い瓦屋根《かわらやね》が並《なら》ぶ様子は沖縄ならではの景色です。これは、台風の通り道になっている沖縄に合った建築になっています。丈夫《じょうぶ》な石垣《いしがき》のへいで囲《かこ》い、低い屋根で風が通り過ぎるように家を建て、さらに屋根瓦《やねがわら》はしっくい（石灰石《せっかいせき》を焼いた粉《こな》にのりを加えたもの）で固定しています。赤い素焼《すや》きの瓦《かわら》は、空気が通りやすく、家の中の熱をこもりにくくする役割《やくわり》もあります。

❷ 大分県 「縁側《えんがわ》」で街とつながる空間に 大分県立美術館《びじゅつかん》

2015年に開館し、国内や世界的な賞《しょう》を受賞《じゅしょう》した建物です。1階のガラス張《ば》りの折戸《おりど》が上に開き、外とつながる仕組みになっています。中と外をつなぐ縁側《えんがわ》のような空間で、美術《びじゅつ》を身近なものに感じられるつくりです。そのほか、木組みで大分県の特産物の竹工芸のような構造《こうぞう》をデザインに取り入れたり、県産品の材料をつかったりと、建物が県の風土を紹介《しょうかい》する役割《やくわり》もになっています。

③ 長崎県　歴史《れきし》を物語る教会建築　大浦天主堂《おおうらてんしゅどう》

日本にキリスト教が伝わったのは16世紀《せいき》半ばで長崎からでした。その後、江戸《えど》時代にキリスト教が禁止《きんし》され、幕末《ばくまつ》に開国してから1865年に外国人が住む場所に大浦天主堂《おおうらてんしゅどう》が建てられました。フランス人神父らによる設計《せっけい》・指導《しどう》のもと、日本人の職人《しょくにん》たちの手でゴシック様式の教会を建てたのです。このころから、西洋建築を見たことのない職人《しょくにん》たちが、日本の技《わざ》や材料を使って西洋建築を建てるようになります。

④ 山口県　流されない橋を目指して独自《どくじ》の技術《ぎじゅつ》へ　錦帯橋《きんたいきょう》

川幅《かわはば》200 mの錦川《にしきがわ》は、川底に砂利《じゃり》が多く、天候により急流になり、何度も橋が流されてきました。17世紀《せいき》に流されない橋の研究がされ、石垣《いしがき》の橋脚《きょうきゃく》4台、木造《もくぞう》5連の太鼓橋《たいこばし》（アーチ橋《きょう》）の構造《こうぞう》にたどりつきました。補修《ほしゅう》・かけかえを何度もおこない、技術《ぎじゅつ》を継承《けいしょう》しながらいまにつながっています。

⑤ 香川県　江戸《えど》時代に建てられ、いまも現役《げんえき》の芝居小屋《しばいごや》　旧金毘羅大芝居《きゅうこんぴらおおしばい》（金丸座《かなまるざ》）

江戸《えど》時代後期に建てられた現存《げんぞん》する日本最古の芝居小屋《しばいごや》で、当時大阪にあった大西芝居《おおにししばい》の規模《きぼ》・様式・構造《こうぞう》を参考《さんこう》にしています。金毘羅宮詣《こんぴらぐうもう》でに訪《おとず》れた多くの人々を楽しませてきました。時代は変わり映画館になったり廃業《はいぎょう》したりしたこともありますが、1985年から再《ふたた》び歌舞伎《かぶき》が上演《じょうえん》されるようになりました。

⑥ 兵庫県　防御機能《ぼうぎょきのう》と美しさをあわせもつ現存天守《げんぞんてんしゅ》　姫路城《ひめじじょう》

天守《てんしゅ》だけでなく、防御機能《ぼうぎょきのう》をもつ通路やへい、門など囲《かこ》い部分をふくめた城郭《じょうかく》が17世紀《せいき》初頭に建てられた姿《すがた》で残っています。別名「白鷺城《しらさぎじょう》」といわれる白いかべは、防火《ほうか》と耐久性《たいきゅうせい》のためにぬられたしっくいの色です。

⑦ 京都府　10円玉にえがかれている平安時代の阿弥陀堂《あみだどう》　平等院鳳凰堂《びょうどういんほうおうどう》

平安時代末期は極楽浄土《ごくらくじょうど》を願う浄土信仰《じょうどしんこう》が京都を中心に広まり、阿《あ》弥陀堂《みだどう》が多くつくられました。平等院《びょうどういん》もそのひとつで、庭と一体となって極楽浄土《ごくらくじょうど》を表現《ひょうげん》しています。東を向いた丹色《にいろ》（丹土《につち》による顔料の色）の建物は、朝日が当たるとより鮮《あざ》やかに輝《かがや》きます。

8 岐阜県 計画してつくられた城下町《じょうかまち》 高山《たかやま》の古い町並《まちな》み

17世紀《せいき》初頭に高山城《たかやまじょう》の城下町《じょうかまち》として整備《せいび》された地域《ちいき》です。商家が集まり、通りに面したところは軒《のき》を低くしてこじんまりと見せ、入ると大きな梁《はり》の大空間が現《あらわ》れます。奈良時代から木工の匠《たくみ》がいる地域《ちいき》として知られ、質《しつ》の高い町屋が建てられたおかげで、いまも美しい景観が残っているようです。

9 石川県 加賀百万石《かがひゃくまんごく》の玄関口《げんかんぐち》を飾《かざ》る 金沢駅《かなざわえき》・つづみ門

和楽器の「つづみ」の形をイメージした柱が左右にならぶ、金沢駅《かなざわえき》のシンボルです。能楽《のうがく》がさかんな地域《ちいき》のため、演奏《えんそう》で用いられる楽器がモチーフに選ばれました。柱は材木を二重に逆方向《ぎゃくほうこう》のらせん状《じょう》に組み、美しいかたちと耐震構造《たいしんこうぞう》をつくっています。中心には鉄骨《てっこつ》が通り、重い屋根を支《ささ》えています。

10 長野県 諏訪《すわ》の地域性《ちいきせい》を生かした現代建築《げんだいけんちく》 神長官守矢史料館《じんちょうかんもりやしりょうかん》

諏訪大社《すわたいしゃ》に関係する資料館《しりょうかん》です。資料《しりょう》を保存《ほぞん》するために鉄筋《てっきん》コンクリート造《ぞう》になっていますが、屋根に地元産の鉄平石《てっぺいせき》をつかい、かべは土でぬった部分と、ナタで木を割《わ》ってつくる「割板《わりいた》」による板かべを再現《さいげん》するなど、伝統的《でんとうてき》な技術《ぎじゅつ》がデザインに生かされています。

11 埼玉県 江戸《えど》への流通経路《りゅうつうけいろ》として栄えた蔵町《くらまち》 川越《かわごえ》・蔵《くら》づくりの町並《まちな》み

江戸《えど》時代に農産物の市があり、川で江戸《えど》まで運んでいたことで栄えた町です。何度も火災《かさい》にあったために、火災《かさい》に強い家として蔵《くら》づくりの建物が建てられるようになりました。また、屋根の防火《ぼうか》かべや装飾《そうしょく》としてつけられた「そでかべ」も見られます。

国の重要伝統的建造物群《じゅうようでんとうてきけんぞうぶつぐん》保存地区《ほぞんちく》

古い町並《まちな》みや集落を保存《ほぞん》するよう国が指定し、建築やくらしの文化を受けついでいる地区が、全国で126地区(2023年7月現在《げんざい》)あります。古い家を単体ではなく、町並《まちな》みとして残すことで、美しい景観となり、観光資源《かんこうしげん》にもなっています。

⑫ 群馬県

フランスと日本の建築技術《けんちくぎじゅつ》の融合《ゆうごう》

富岡製糸場《とみおかせいしじょう》

明治時代初期の 1872 年に国が建てた製糸工場《せいしこうじょう》です。敷地内《しきちない》の多くの建物は当時の面影《おもかげ》を残しています。フランス人の計画書をもとに、日本の職人《しょくにん》たちの手で建てました。れんがは瓦職人《かわらしょくにん》たちが焼き、木の枠《わく》に積み重ねるフランスの建築方法がもちいられ、屋根には瓦《かわら》がつかわれています。

⑬ 福島県

上がっていたのにいつの間にか
下ってしまう不思議なお堂《どう》

さざえ堂《どう》(円通三匝堂《えんつうさんそうどう》)

高さ 16.5 m、六角形で 3 層《そう》のお堂《どう》で、18 世紀《せいき》末期に住職《じゅうしょく》の郁《いく》堂《どう》が考案して建てられました。二重のらせん状《じょう》の坂に沿《そ》って西国三十三観音像《かんのんぞう》が置かれ、拝《おが》みながら上がっていくといつのまにか下るという不思議なつくりになっています。

⑭ 山形県

断崖絶壁《だんがいぜっぺき》に建てられた通称《つうしょう》「山寺《やまでら》」

山寺《やまでら》(宝珠山立石寺《ほうじゅさんりっしゃくじ》)

860 年に建てられた寺で、山の地形を生かし、山を登りながらいくつものお堂《どう》をお参りできるつくりになっています。百丈岩《ひゃくじょういわ》と呼《よ》ばれる岩の上に開山《かいざん》堂《どう》と納経堂《のうきょうどう》(写真下)が立ち、その近くに岩にせり出すように五大堂《ごだいどう》(写真右)が建っています。

⑮ 青森県

縄文《じょうもん》時代の集落建築

三内丸山遺跡《さんないまるやまいせき》の復元《ふくげん》建物

縄文《じょうもん》時代の前期～中期の大規模《だいきぼ》な集落の遺跡《いせき》が見つかり、復元《ふくげん》された建物群です。住居跡《じゅうきょあと》や、大型《おおがた》たて穴《あな》建物、高床倉庫《たかゆかそうこ》などがあり、当時の建築技術《けんちくぎじゅつ》を見ることができます。

⑯ 北海道

いまに伝わるアイヌの建築文化

チセ

北海道やその周辺の地域《ちいき》にくらしていたアイヌ民族の住居《じゅうきょ》です。実《じっ》際《さい》にくらしていたものは現存《げんぞん》していませんが、復元《ふくげん》されたものがあります。柱を少し内側に向け、屋根の形をつくってからのせる方法で建てられていました。

和建築の技《わざ》を見てみよう

神社や寺をつくる 宮大工《みやだいく》のスゴ技《わざ》

昔ながらの建築の技法《ぎほう》を受けつぎ、神社や寺を建てたり、いたんだ古い建物を修復《しゅうふく》したりするのが「宮大工《みやだいく》」です。1400年以上の歴史《れきし》をもつ「金剛組《こんごうぐみ》」の技《わざ》を見ていきましょう。

▲カンナ（鉋）という道具で材木の表面をけずっているところです。けずる厚《あつ》さは刃《は》の位置で調整。職人技《しょくにんわざ》で、すけて見えるほどにうすくけずることも。けずった表面は、みがいたようにツルツルになります。

【神社・寺ができるまで】

1. 設計図案《せっけいずあん》をつくり、大きさや間取《まど》りなどを決める

↓

2. 100分の1（または50分の1）の平面図（縮小図面《しゅくしょうずめん》）をつくる

↓

3. 同サイズで実施設計図《じっしせっけいず》をつくる

↓

何十枚《まい》にもなるよ！

4. 細かい見積りをして契約《けいやく》

↓

5. 各種材料や人員の手配
材木の調達、木割《きわり》（原木のどの部分をどこにつかうのかを決める）などをして、だいたいの大きさの製材《せいざい》を依頼《いらい》。

↓

6. 地縄張《じなわば》り※をして、設計《せっけい》の最終確認《さいしゅうかくにん》
※敷地《しきち》に縄《なわ》などで建物の位置を表すこと

↓

7. 基礎《きそ》・土台工事 →

8. 屋根などの曲線部分の現寸《げんすん》の設計図《せっけいず》（現寸図《げんすんず》）をつくる

↓

9. 必要部分の現寸《げんすん》の型板《かたいた》をつくり、材料を切り出す

↓

10. 柱や梁《はり》などの骨組《ほねぐ》みをつくる小屋組みをして、屋根の下地をはる

↓

11. 瓦《かわら》や銅板《どうばん》などの、屋根材をふく専門《せんもん》職《しょく》に依頼《いらい》

↓

12. 窓《まど》やとびらなどの開口部をつくってからかべをつくる

↓

13. 内装《ないそう》・外装《がいそう》を仕上げる
専門職《せんもんしょく》も入り、共同しておこなう

↓

完成！

6の地縄張《じなわば》りから、だいたい13か月

神社や寺は修復《しゅうふく》しながら長くつかわれる

木造《もくぞう》建築は、石やれんがなどの建物にくらべると、燃《も》えたりくさったりしやすいため、長い時間残りにくいものです。しかし日本では、1000年以上の歴史《れきし》をもつ木造《もくぞう》の建物がいくつもあります。これは、つくるときに将来修復《しょうらいしゅうふく》しながら長くつかうことを前提《ぜんてい》に考えられているからでもあります。実際《じっさい》の修復《しゅうふく》については22ページを見てください。

材木選《ざいもくえら》び

建物のどの部分にどんな材木をどういう向きでつかうのか決めるのは、とても大切な作業です。経験《けいけん》を重ねた職人《しょくにん》だからこそ、木の性質《せいしつ》を知り、強度や見た目、価格《かかく》などさまざまな視点《してん》から選びます。金剛組《こんごうぐみ》は大阪府と埼玉県に加工センターをもち、1階に1つの建物分の材木が集められます。2階には現寸図《げんすんず》をかきおこす「現寸場《げんすんば》」があります。

(右写真は埼玉県の加工センター)

縮小図面《しゅくしょうずめん》から現寸図《げんすんず》へ

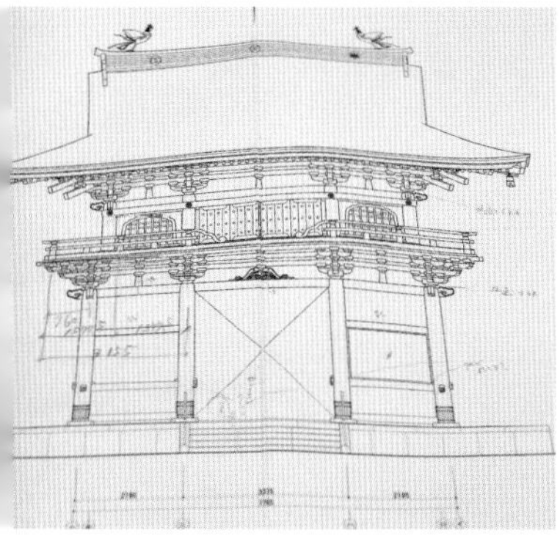

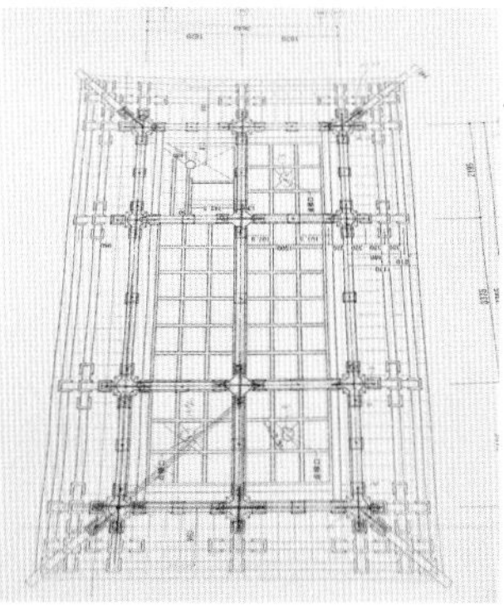

設計士《せっけいし》がつくった縮小図面《しゅくしょうずめん》は、正面や側面、横や縦《たて》の断面図《だんめんず》に分けられ、数十枚《まい》えがかれます。これらから、広い現寸場《げんすんば》で、建物の実際《じっさい》の大きさの現寸図《げんすんず》をかきおこします。縮小図《しゅくしょうず》では得《え》られない、ななめの断面図《だんめんず》や、実際《じっさい》の曲線を決めるなど、とても重要な作業です。

縮小図面《しゅくしょうずめん》をもとに、現寸《げんすん》の図面を板の上にかいているところ。曲線は、曲がる位置や割合《わりあい》を計算して目安を決め、細い角材をくぎで固定して鉛筆《えんぴつ》などでかきます。

型《かた》板《いた》づくり

現寸図《げんすんず》をもとに、うすい板やフィルムシートで型板《かたいた》をつくります。型板《かたいた》は、材木を正確《せいかく》なサイズに切るためにつかうので、どの部分の材料になり、どこと合わせるのかなど、正確《せいかく》に写し取らなければなりません。

墨《すみ》付《つ》け•材木加工

現寸図《げんすんず》のとおりに材木を加工していきます。直線加工の場合は寸法《すんぽう》に合わせて測り、曲線の場合は型板《かたいた》を使って正確《せいかく》に切り出します。さらに合わせる位置に印をつけ、組み合わせるための凹凸《おうとつ》の加工をします。

墨付《すみつ》け（墨《すみ》つぼ）

むかしながらの道具「墨《すみ》つぼ」をつかうと、まっすぐな線を一気にひくことができます。糸の先についている針《はり》を材木にさし、墨《すみ》の中を通る糸をのばして、位置を決めたら、糸を上にはじくと、糸についた墨《すみ》が、材木に写ります。

墨付《すみつ》け（型板《かたいた》）

曲線の場合は、型板《かたいた》をつかいます。おおまかに形をとった材木の上に型《かた》板《いた》を置き、墨《すみ》つぼの中の墨《すみ》をつけた竹の板「墨さし」で線をひきます。

木組みの溝付《ほぞつ》け

木につけた凹凸《おうとつ》を組み合わせてつくられるのが、宮大《みやだい》工《く》建築の特徴《とくちょう》。墨付《すみつ》けした寸法《すんぽう》どおりに、ノミ（鑿）で溝《みぞ》をつけているところ。

10ページの、台に刃《は》がついているカンナより古くからつかわれてきた「やりガンナ」のけずり作業。表面に独特《どくとく》の風合いを残すことができます。

木組みいろいろ

2つ以上の材木（部材）に凹凸《おうとつ》をつけて、くぎや接《せっ》着剤《ちゃくざい》をつかわずに組み合わせてつなげることを「木組み」といいます。おもに、長さをつなぐことを「つぎ手」、角度をつけて組み合わせることを「仕口《しぐち》」と呼《よ》びます。何十種類もありますが、金剛組《こんごうぐみ》でつくられた模型《もけい》で、その一部を見てみましょう。

金《かな》輪《わ》つぎ

おもに柱や梁《はり》の長さをつなぐときにつかわれます。まず広い面を合わせて、スライドさせて組み、木栓《もくせん》をさして固定します。

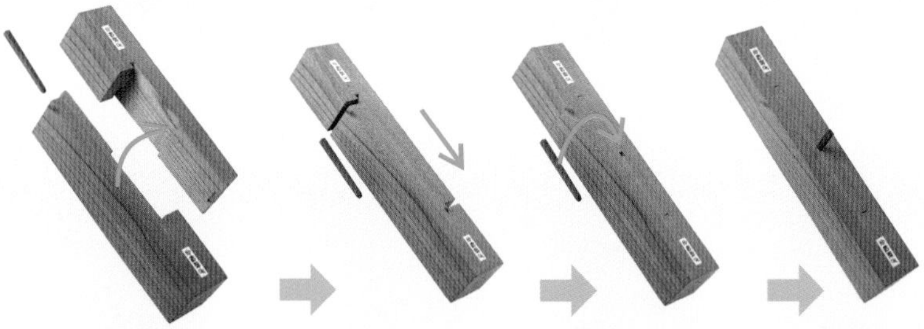

木組みの確認《かくにん》

複雑《ふくざつ》に組み合わせる木組みの場合は、ぴったり合うよう、実際《じっさい》に組み合わせて確認《かくにん》をしながら調整します。ゆるくてもきつくてもいけないので、けずりすぎないように少しずつ調整することが必要です。

①

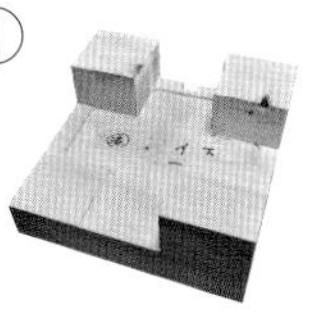

②

ます組みの模型《もけい》。

[ます組み]

屋根の下に見られる、立体的に細かく交差している技法《ぎほう》が「ます組み」です。大きな屋根の重さを柱へ分散させるためにおこないますが、装飾的《そうしょくてき》な役割《やくわり》もあります。写真は、角の部分で、①裏返《うらがえ》した「ます」、②ますの上に木組みした短い材木（ひじ木）をはめたところ、③表に向けたかたち。規模《きぼ》により、1つの建物にます200～600個分《こぶん》を1人でつくります。

③

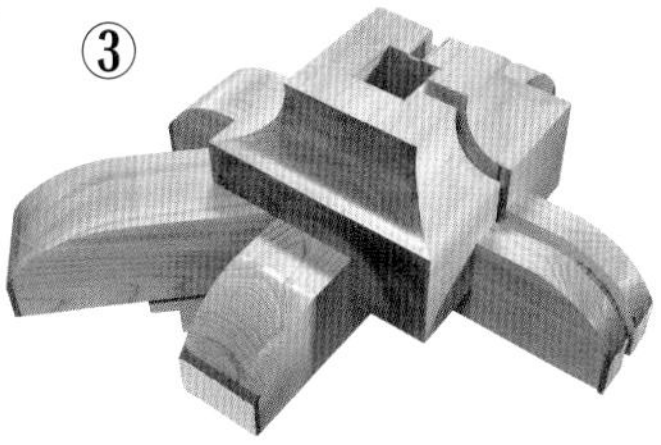

現場作業《げんばさぎょう》

加工した材木を、現場《げんば》で組み上げます。まずは柱や梁《はり》などの骨組《ほねぐ》みをしてから、屋根をつくります。神社や寺は大きな屋根で威厳《いげん》を見せるため、とても重い屋根になります。その重さをささえるのが「はね木」です。外側は屋根の桁《けた》にかけて支点《してん》にし、中央へ集めて「てこ」の力で重さを分散させます。1本のはね木は200キロもあり、位置を決めるにも、数人でタイミングと力を合わせながら調整します。

木組みは、現場《げんば》でけずったり角度を微調整《びちょうせい》したりすることもあります。

山《やま》あり

台形の組み合わせの「あり」に、山型《やまがた》のカットが加わって複雑《ふくざつ》になったつぎ手です。ななめ45度にスライドさせてはめます。

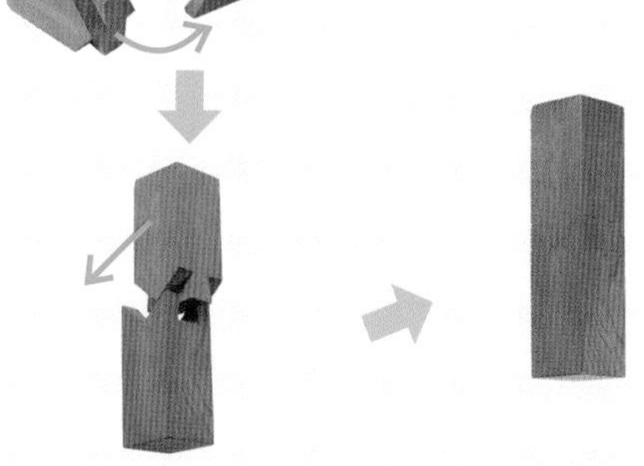

柱と桁《けた》の木組み

柱に十字に桁《けた》を組む仕口《しぐち》です。①～④の番号通りにさしこみ、それぞれ木栓《もくせん》をさして固定します。木組みにより、強度を高めることができます。

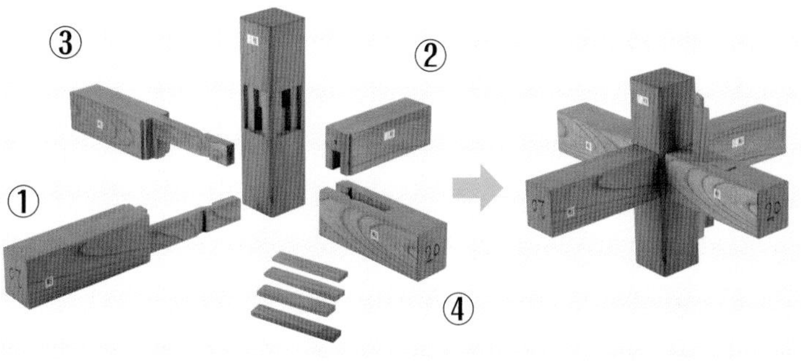

家づくりのスゴ技《わざ》

木造《もくぞう》建築で、みなさんにもっとも身近なのは家（住宅《じゅうたく》）でしょう。どのような流れで１件《けん》の家ができるのか、東京都の杉坂建築事務《すぎさかけんちくじむ》所《しょ》の「在来軸組工法《ざいらいじくぐみ》※」での例を見ていきましょう。

※工法については 29 ページ、部材の名前は 3 ページを参照《さんしょう》してください。

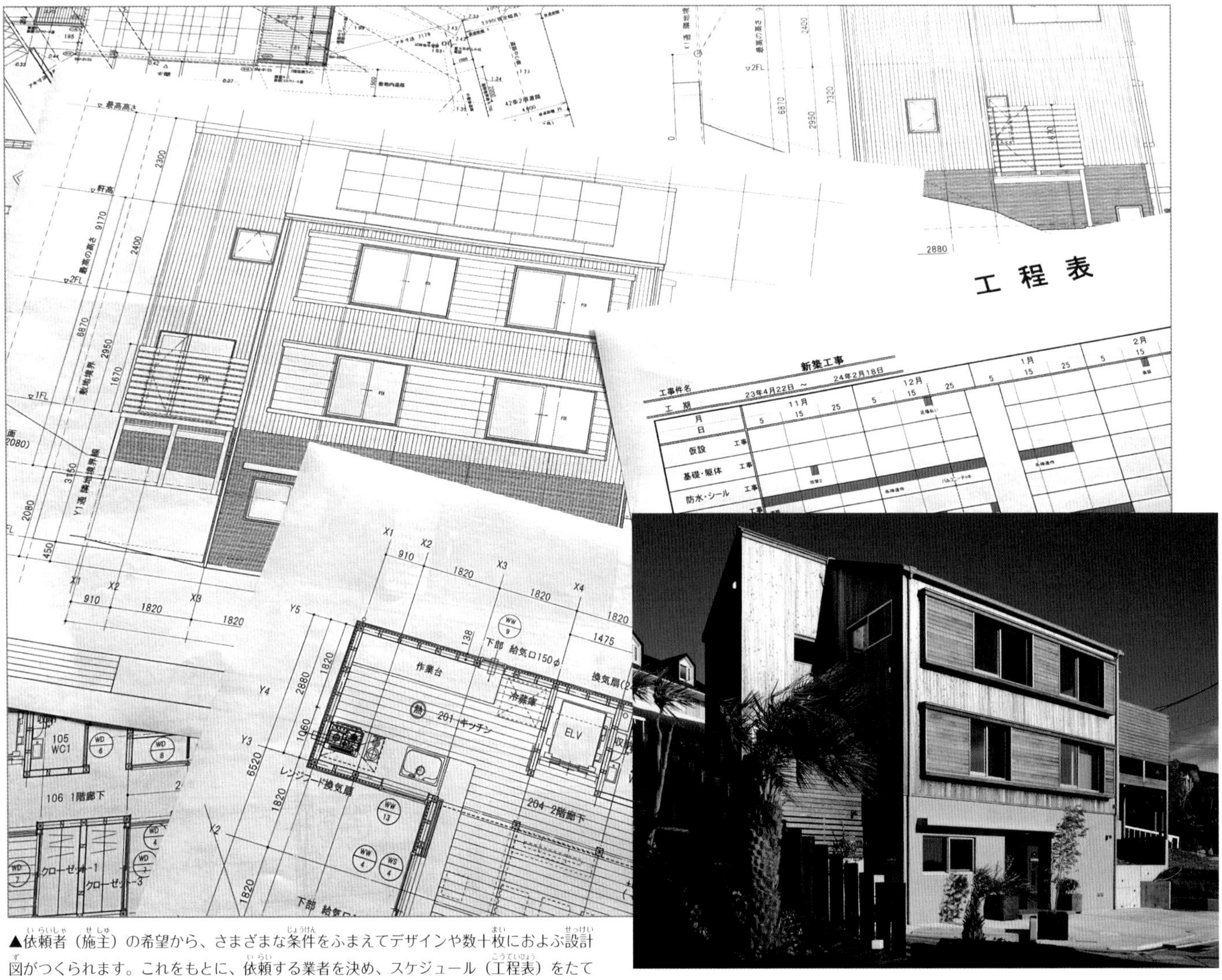

▲依頼者《いらいしゃ》（施主《せしゅ》）の希望から、さまざまな条件《じょうけん》をふまえてデザインや数十枚《まい》におよぶ設計《せっけい》図《ず》がつくられます。これをもとに、依頼《いらい》する業者を決め、スケジュール（工程表《こうていひょう》）をたてて家づくりがおこなわれます。

1 測量《そくりょう》・デザイン・設計《せっけい》

建てる土地が決まったら、正確《せいかく》な測量《そくりょう》（面積や傾斜《けいしゃ》などを測《はか》る）、地盤調査《じばんちょうさ》、配管・配線（ガス・上下水道・電気・通信など）、建築基準《けんちくきじゅん》法《ほう》（土地に対する建物の割合《わりあい》や高さ制限《せいげん》など）の確認《かくにん》をおこないます。そのうえで依頼者《いらいしゃ》の希望をもとに、予算内でおさまるよう、条例《じょうれい》や土地の気候、周囲の環境《かんきょう》などをふまえてデザインし、設計図《せっけいず》をつくります。

すべてにかかわる
大事な仕事

2 段取《だんど》り

現場監督《げんばかんとく》が、スケジュールをたて、大工（工《こう》務店《むてん》）、内装《ないそう》、外装《がいそう》、ガラス、屋根、配管・配線ほか、専門《せんもん》の業者の選定・発注、各業者と材料の選定などをおこないます。材木は、事前に製材工場《せいざいこうじょう》に発注する「プレカット」という方法が一般的《いっぱんてき》で、図面をもとに大工と相談しながら発注します。どの材木をどこにつかうのか、またどのタイミングで現場《げんば》に運ぶのかなど細かい取り決めが必要です。

3 地鎮祭《じちんさい》

工事に入る前に、無事に家が建てられるように祈《いの》る「地鎮祭《じちんさい》」をおこなう場合があります。写真は神式の地鎮祭《じちんさい》で、地元の神社へ依頼《いらい》して祭壇《さいだん》をつくり、依《い》頼者《らいしゃ》や工事関係者が参加しておこなわれました。仏式やキリスト教式もあるようです。

4 基礎《きそ》・土台

建物を建てる位置や図面による配置を決めてから、地面をかたくふみしめながら平らにし、コンクリートで基礎《きそ》をつくります。そのうえに材木で土台を組みます。

写真の場合、①地面を整地《せいち》したのち、②～③傾斜《けいしゃ》のある土地に建物を建てるため、1階部分を鉄筋《てっきん》コンクリート造《ぞう》にして、強度をもたせています。④～⑤その上に一般的《いっぱんてき》な木造《もくぞう》建築と同様に基礎《きそ》をつくり、⑥土台を組みました。

5 骨組《ほねぐ》みづくり

土台の上に建物の骨組《ほねぐ》みとなる柱や梁《はり》を組んでいきます。プレカットされた材木にはそれぞれどこに組むものか番号（番付）がかかれていて、決められた順番で決められた位置に配置。家の骨格《こっかく》ができあがります。

枠《わく》の間に強度を上げるために交差させている部材には、木組みの技《わざ》が応用《おうよう》されています。

必要に応《おう》じて、金属《きんぞく》で補強《ほきょう》します。

6 棟上《むねあ》げ

◀棟上《むねあ》げをしているところ。

▶棟上《むねあ》げ後に会食をしているところ。棟上《むねあ》げした高い位置から、餅《もち》やお菓子《かし》、お金をまく風習もあります。

「棟《むね》」とは屋根の一番高いところに渡《わた》す材木です。骨組《ほねぐ》みの最後におこなわれるのが棟上《むねあ》げで、骨組《ほねぐ》み作業が終わったことをあらわします。このとき、家の守り神や大工の神をまつり、骨組《ほねぐ》みを終えたことの感謝《かんしゃ》やこれからも無事に工事が終えられるように祈《いの》る「上棟式《じょうとうしき》」をおこなう場合があります。

7 窓《まど》・断熱材《だんねつざい》・かべ

開口部（窓《まど》やドアなど）の枠《わく》をつくってから、断熱材《だんねつざい》をつけ、内側と外側のかべをつくります。断熱材《だんねつざい》は、快適《かいてき》にくらすための大切な部材です。

8 内装《ないそう》・外装《がいそう》

部屋の仕切りや階段《かいだん》、天井《てんじょう》・床《ゆか》などは大工の仕事。裏《うら》を通る配管や配線をおこない、最後に内装《ないそう》・外装《がいそう》を各専門《せんもん》の業者が仕上げます。業者が入るタイミングや材料の到《とう》着《ちゃく》など、工事の進み具合を確認《かくにん》しながら現場監督《げんばかんとく》が管理しておこなわれます。

現代《げんだい》の大規模《だいきぼ》木造《もくぞう》建築

近年、技術《ぎじゅつ》の進歩もあり、大きな建築物の木造化《もくぞうか》が進んでいます。木造《もくぞう》建築を増《ふ》やすことで森林を健全化させ、二酸化炭素《にさんかたんそ》（CO_2《シーオーツー》）の増《ぞう》加《か》を抑《おさ》えることもできると考えられています。そうした取り組みをいち早く取り入れている住友林業《すみともりんぎょう》の大規模木造《だいきぼもくぞう》建築の技《わざ》を見ていきましょう。

小学校の体育館

木の組み方で生まれた巨大《きょだい》空間

宮城県・東松島市立宮野森《ひがしまつしましりつみやのもり》小学校（2016 年 12 月）

体育館は面積も高さも広い空間が必要です。間に柱を入れず、木材を中心につくるのはむずかしいものですが、天井《てんじょう》の高さ 10 m、広さは 25 m四方という大きな空間が木材を中心につくられています。計算された複雑《ふくざつ》な組み方により、強く壊《こわ》れにくい構造《こうぞう》になっています。

ここは、2011 年の東日本大震災《だいしんさい》後、以前より高台につくられた新しい街にできた小学校です。校舎《こうしゃ》も木造《もくぞう》で、合わせておよそ 5000 本の木材を使い、木の質感《しつかん》を生かしたつくりになっています。東北《とうほく》地域《ちいき》の木材を活用することで、地《ち》域《いき》の林業の活性化《かっせいか》にもつながっているのです。

▲教室は里山の自然をながめられる向きにつくられています。

▲自然光を取り入れるために窓《まど》を大きくとった小学校の外観。

▲体育館の建築中の様子。木が複雑《ふくざつ》に組まれているのがわかります。

木の校舎《こうしゃ》のすすめ

国は木材を活用した学校施設《しせつ》づくりをすすめています。関東大《かんとうだい》震災《しんさい》や第二次世界大戦をうけ、防災《ぼうさい》や安全面から、燃《も》えにくく丈夫《じょうぶ》な鉄筋《てっきん》コンクリート造《ぞう》の学校が多く建てられましたが、1985 年から数年おきに文部科学省から学校建築物の木材使用をすすめる通知が出されました。技術《ぎじゅつ》の革新《かくしん》や防災面《ぼうさいめん》に配慮《はいりょ》した構造《こうぞう》にするなどの工夫をしながら、少しずつ木造《もくぞう》の校舎《こうしゃ》が増《ふ》えてきています。

学校施設《しせつ》の木造化《もくぞうか》のメリット

●**教育的効果《こうか》**…温かみのある質感《しつかん》、湿度《しつど》を調整する木材の効果《こうか》により、快適《かいてき》な環境《かんきょう》になります。また、森林保全《ほぜん》や環境問題《かんきょうもんだい》などについて、学習する教材としても活用できます。

●**地球環境《ちきゅうかんきょう》への配慮《はいりょ》**…木材は、鉄やコンクリートなどにくらべて建築にかかる炭素放出量《たんそほうしゅつりょう》が少なく、森林の健全化により炭素《たんそ》をためる効果《こうか》が期待されます（炭素固定《たんそこてい》：30 ページ参照《さんしょう》）。

●**地域風土《ちいきふうど》・文化への調和**…学校づくりをとおして、地域《ちいき》や地域《ちいき》の産業との連携《れんけい》や文化の継承《けいしょう》・発展《はってん》につながると考えられます。

大学の校舎《こうしゃ》

鋼《はがね》と木材の組み合わせで地震《じしん》に強く

東京都・上智《じょうち》大学《だいがく》四谷《よつや》キャンパス15号館（2022年5月）

「街を森にかえる」をテーマにつくられた木造《もくぞう》3階建ての校舎《こうしゃ》で、鉄骨《てっこつ》でつくった場合とくらべて、二酸化炭素《にさんかたんそ》(CO_2《シーオーツー》)の排出量《はいしゅつりょう》を20%削減《さくげん》したことになります。構造《こうぞう》だけでなく、外壁《がいへき》や室内にも木材を多く使い、温かみのある建物になっていて、「地域《ちいき》のサスティナブルなランドマーク」として、社会人教育や地域《ちいき》の交流拠点《こうりゅうきょてん》としての役割《やくわり》も大きくはたしそうです。構造上《こうぞうじょう》では、木材の中に鋼材《こうざい》の棒《ぼう》を通し、ボルトで固定《こてい》する「ポストテンション耐震技術《たいしんぎじゅつ》」という技術《ぎじゅつ》が活用され、安全面での工夫がされています。

〈ポストテンション耐震技術《たいしんぎじゅつ》〉

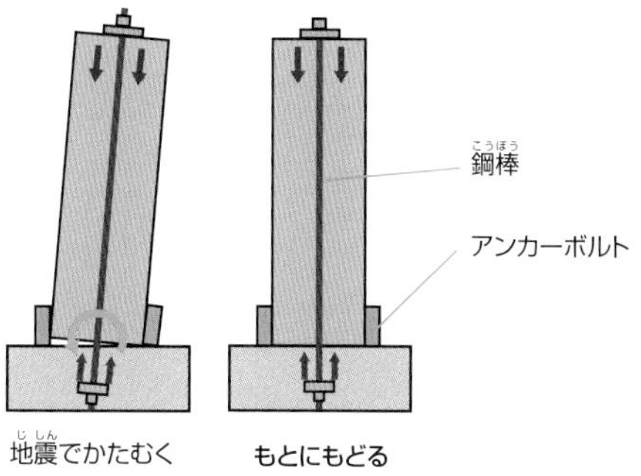

▲壁面緑化《へきめんりょくか》、屋上緑化もおこなわれ、将来《しょうらい》は緑でおおわれる予定です。

◀室内にも多くの木材が活用され、いやしの空間になっています。

音楽ホール

CLT《シーエルティー》木材の折板構造《おりいたこうぞう》で強く、音響《おんきょう》のよいホールに

東京・桐朋学園宗次《とうほうがくえんむねつぐ》ホール（2021年3月）

音楽ホールは、広い空間と音響《おんきょう》のよさ、居心地《いごこち》のよさが求められる施設《しせつ》です。このホールでは、それらを木の材質《ざいしつ》を生かした方法で実現《じつげん》しました。かべ・天井《てんじょう》・床《ゆか》に木が見えるように設計《せっけい》され、木に囲《かこ》まれた心安らぐ空間になっています。また、平面状《へいめんじょう》の板を、折り紙を折ったように組み合わせる折板構造《おりいたこうぞう》により、強度と音響《おんきょう》のよさを実現《じつげん》しました。さらに、この板は木材の向きを直角に重ねて厚《あつ》みをもたせ、強度を高めた「ＣＬＴ《シーエルティー》」という木材を使用することで、より頑丈《がんじょう》さを高めています。

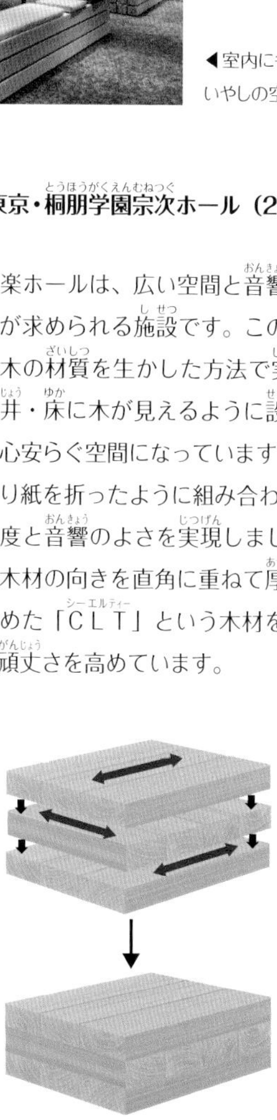

〈CLT《シーエルティー》〉

細い板をつなげてうすい面をつくり、その向きを変えて重ねて1枚《まい》の板にします。

日本の家のいろいろなかたち

屋根とかべいろいろ

家の外見は屋根とかべが大きな要素《ようそ》になっています。これらのおもな種類を知ることで、日ごろなんとなく見ている建物が、興味深《きょうみぶか》く感じられるようになるでしょう。

※「江戸《えど》東京たてもの園」は東京都江戸《えど》東京博物館《はくぶつかん》の分館です。おもに東京で実際《じっさい》につかわれていた、文化的価値《ぶんかてきかち》の高い歴史的建造物《れきしてきけんぞうぶつ》を移築《いちく》して展示《てんじ》しています。

屋根のかたち

切妻《きりづま》

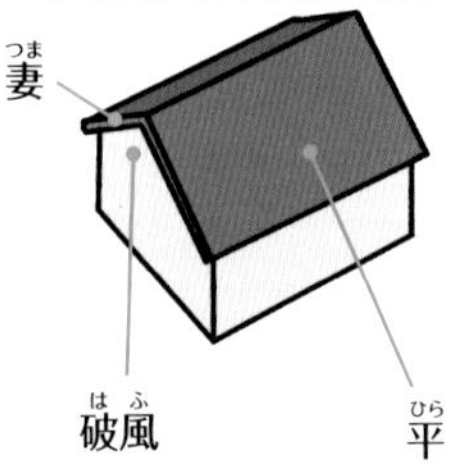

棟《むね》に2つの面を合わせた、最も基本的《きほんてき》なかたちです。斜面側《しゃめんがわ》を「平《ひら》」、三角に見える側を「妻《つま》」といい、その妻側《つまがわ》が切れているという意味の名前です。妻側《つまがわ》のかべは、屋根のかたちに合わせて五角形につくります。

寄棟《よせむね》

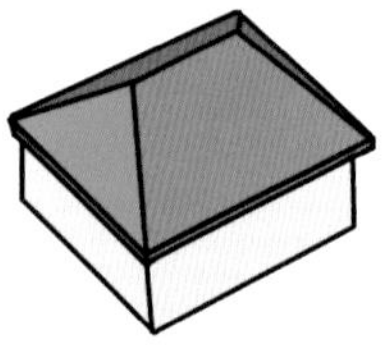

切妻《きりづま》の、妻側《つまがわ》にも屋根の面をつけたかたちです。四方に屋根があるので、風に強いというメリットがあります。切妻《きりづま》より複雑《ふくざつ》な建築に見えますが、かべは４面同じ高さでつくることができます。

入母屋《いりもや》

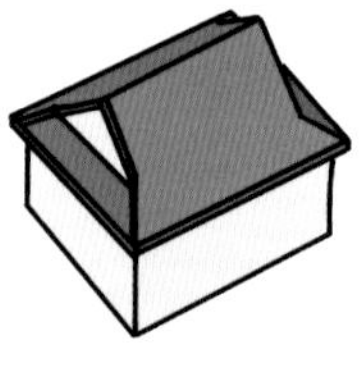

寄棟《よせむね》の上に切妻《きりづま》がのったかたちで、妻側《つまがわ》の「破風《はふ》」が三角形になるのが特徴《とくちょう》です。格式《かくしき》の高いかたちとして好まれてきました。東アジアで見られ、日本では、弥生《やよい》時代からつくられていたようです。

宝形《ほうぎょう》

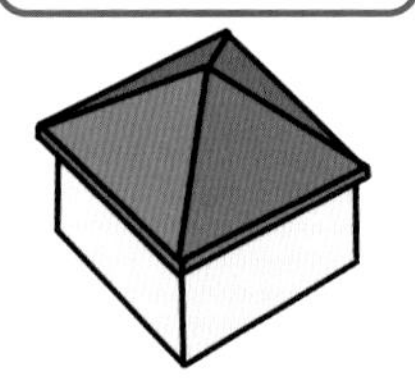

寄棟《よせむね》の変形で、４面すべて三角形の屋根になります。寺や仏塔《ぶっとう》などで古くからつかわれています。建物の平面が正方形に近いかたちの場合にのみ、採用《さいよう》される屋根です。

破風《はふ》ってなに？

屋根の切り口のことで、切妻《きりづま》なら山形の「切妻破風《きりづまはふ》」、入母屋《いりもや》なら三角形の「入母屋破風《いりもやはふ》」といわれ、寄《よせ》棟《むね》・宝形《ほうぎょう》の屋根には存在《そんざい》しない部位になります。さまざまなかたちがありますが、日本の建築によく見られる２つを紹介《しょうかい》します。

千鳥破風《ちどりはふ》

屋根の平面に、三角形にとりつける破風《はふ》です。大きな屋根の屋根裏《やねうら》スペースの換気用《かんきよう》の窓《まど》のような役割《やくわり》があります。

唐破風《からはふ》

曲線の破風《はふ》をいいます。唐《から》という字をつかいますが、日本独自《にほんどくじ》の形式で、城や寺社などでよく見られます。写真の破風《はふ》の真ん中に取り付けられている飾《かざ》り板《いた》は「兎《う》の毛通《けどお》し」といいます。

屋根をふく素材《そざい》

※屋根の仕上げに瓦《かわら》などをかぶせることを「ふく」といいます。

瓦《かわら》

民家につかわれるようになったのは江戸《えど》中期から

ねん土を成形して高温で焼いたやきものです。６世紀《せいき》末期に、中国から伝わりました。

かや

かやとは、ススキやチガヤ、アシなどの植物の総称《そうしょう》です。縄文《じょうもん》時代からつかわれてきました。

金属《きんぞく》

銅板《どうばん》ぶきは年数がたつと茶から青緑に

日本では、江戸《えど》時代から銅《どう》の屋根が登場し、いまでも神社などで多く見られます。ほかにトタンなどもあります。

板

うすい板を重ねてはり合わせて屋根をおおいます。

木の皮

木の皮（樹皮《じゅひ》）のサイズを切りそろえ、重ねてはり合わせて屋根をおおいます。

スレート

スレートとは粘板岩《ねんばんがん》のことで、うすい板状《いたじょう》に割《わ》れる性質《せいしつ》があります。これを人工的にセメントなどでつくったものが多く普及《ふきゅう》しています。

外かべの素材《そざい》

板

板のはり方はいろいろ

細い板をたてや横にはり合わせてかべにします。一般的《いっぱんてき》な民家などにつかわれてきました。

土

土にわらなどを混《ま》ぜて水で練ったものを、ぬりかためてかべにします。日本の気候に合い、気温や湿《しつ》度《ど》を調整する機能《きのう》があります。

金属《きんぞく》

うすい板状《いたじょう》にした金属《きんぞく》を表面にはってしあげます。昭和前半に、おもに銅板《どうばん》が耐火素材《たいかそざい》としてつかわれていました。

しっくい

石灰石《せっかいせき》を焼いて水を加えた硝石灰《しょうせっかい》に、のりなどを加えて練ったものをしっくいといい、かべの仕上げなどにつかいます。

防災《ぼうさい》の役目も！

れんが

明治時代から耐火素材《たいかそざい》として都市部で多くつかわれました。れんがを構造材《こうぞうざい》としている場合と、タイルのようにはる場合があります。

住む人・時代による家

家は地域《ちいき》や時代、住む人によってちがうかたちになります。ここでは東京の江戸《えど》時代以降《いこう》の例として、「江戸《えど》東京たてもの園」に展示《てんじ》されている、いくつかの家のかたちを見てみましょう。

綱島家《つなしまけ》（農家）［江戸《えど》時代中期・世田谷区《せたがやく》］

作業できる広い土間《どま》つき

農家

江戸《えど》時代中期に建てられた、農地のある郊外《こうがい》でくらすための家です。かやぶきの寄棟屋根《よせむねやね》に、内側外側ともに土かべです。農機具を置いたり、夜や雨の日に農作業をしたりするために広い土間《どま》があります。いろりのある広間には、換気《かんき》・採光《さいこう》・けもの除《よ》けになる格子窓《こうしまど》があり、18 世紀《せいき》初頭の関東平野の民家の特徴《とくちょう》が見られます。

西洋建築デザインの導入《どうにゅう》

建築家の邸宅《ていたく》

前川國男邸《まえかわくにおてい》［1942（昭和 17）年・品川区《しながわく》］

フランスで西洋建築を学び、東京・上野にある東京都美術館《びじゅつかん》や東京文化会館などを設計《せっけい》した建築家・前川國男《まえかわくにお》(1905 ～ 1986 年)が、昭和前期に都市部（品川区《しながわく》）に建てた自宅《じたく》です。大きな切妻屋根《きりづまやね》の上は日本らしい瓦《かわら》ぶきになっています。室内は吹《ふ》き抜《ぬ》けの居間《いま》を中心にしたダイナミックな間取りで、しっくいのかべに窓《まど》には障子《しょうじ》と、和洋合わさった雰囲気《ふんいき》です。

武居三省堂《たけいさんしょうどう》（文具店）[1927（昭和2）年・千代田区《ちよだく》]

店と住まいが一体化

店を兼《か》ねた家

都市部の商店が集まった地域《ちいき》では、店と住まいが一体化した建物が多く建てられました。1階の通りに面した部分を店に、奥《おく》の間《ま》と2階以上で生活をするかたちになっています。この店は文具店で、左右のかべはすべて商品棚《しょうひんだな》になっていて、およそ350の箱を収納《しゅうのう》、さらに天井《てんじょう》にも棚《たな》が設置《せっち》され、せまい空間が効率《こうりつ》よくつかわれています。

看板建築《かんばんけんちく》

通りに面した正面を、銅板《どうばん》やタイルでおおったり、セメントと砂《すな》を水で練ったモルタルでぬりかためたりして、燃《も》えにくい工夫をした建物で、まるで看板《かんばん》のように見える建物をさします。関東大震災《かんとうだいしんさい》による大火《だいか》災《さい》を経験《けいけん》した後、昭和前期に多く建てられました。武居三省堂《たけいさんしょうどう》もそのひとつでタイルがはられています。

むかしのアパート?

長屋《ながや》

複数《ふくすう》の住まいが横にならび、となりとかべを共有しているかたちの集合住宅《しゅうごうじゅうたく》です。江戸《えど》時代の江戸《えど》の町では1階（平屋《ひらや》）建ての長屋《ながや》が多くつくられました。明治時代から2階建ての長屋《ながや》がつくられるようになります。よく目にするアパートとちがうのは、外から直接《ちょくせつ》家の中に入るかたちで、廊下《ろうか》などの共有部分がないことです。

丸二商店《まるにしょうてん》（荒物屋《あらものや》）裏《うら》の長屋《ながや》［昭和初期・千代田区《ちよだく》］

修復《しゅうふく》・再建《さいけん》で長く生きる和建築

和建築は、修復《しゅうふく》がしやすいつくりになっています。修復《しゅうふく》することで、職《しょく》人《にん》たちは、むかしの技術《ぎじゅつ》を知ることができます。また、災害《さいがい》などでこわれてしまった建物を再建《さいけん》して、つなげていくこともあります。

▶修復《しゅうふく》された大玄関《おおげんかん》。

〈金剛寺《こんごうじ》 大玄関《おおげんかん》の修復《しゅうふく》〉

大阪府の南に位置する天野山金剛寺《あまのさんこんごうじ》は、1300年の歴史《れきし》をもつ古寺です。その子院《しいん》（僧侶《そうりょ》の住まいなど）であった建物を、明治時代の末期に大玄関《おおげんかん》として移築《いちく》・改修《かいしゅう》していました。それからおよそ100年たち、この度2021～2022年に金剛組《こんごうぐみ》（10ページ参照《さんしょう》）により修復作業《しゅうふくさぎょう》がおこなわれたのです。その様子の一部を見ていきましょう。

ゆがみを正す

建物を修復《しゅうふく》する際《さい》には、骨組《ほねぐみ》を残して解体《かいたい》し、修理《しゅうり》が必要な部分を確認《かくにん》します。そして、修理《しゅうり》しながら構造《こうぞう》がゆがまないように、仮《かり》の筋交《すじか》い（ななめの板）をいれたり、ジャッキで横に通る部材をささえたりします。

補強《ほきょう》

古いものを残すためには、現在《げんざい》の技術《ぎじゅつ》を取り入れて災害《さいがい》に強いつくりにすることも大切です。必要な部分には金物《かなもの》を用いて補強《ほきょう》し、耐震性《たいしんせい》を高めるなど、工夫をしています。

傷《いた》んだ部材の交換《こうかん》

傷《いた》んだ部材は、丸ごと交換《こうかん》したり、新しい材木を組み合わせて修理《しゅうり》します。とくに材木が組み合わさっているところや、重さがかかる部分、外に面しているところなどは、傷《いた》みやすいです。

利用

解体《かいたい》した後、つかえるものは汚《よご》れを落とすなど必要な処理《しょり》をして、再《ふたた》びつかいます。同じ場所に戻《もど》せるように、記号をつけておくなどの工夫をします。写真は大きな屋根の瓦《かわら》をふきなおしているところです。

〈首里城再建《しゅりじょうさいけん》〉

沖縄県の首里城《しゅりじょう》は 2019 年に火災《かさい》で焼失してしまいましたが、すぐに再建《さいけん》の動きがはじまりました。建築物は利用したり見たりするだけではなく、シンボルとして人々の心のよりどころとなることがあります。再建《さいけん》はただ建物をつくりなおすだけではない意味をもっているのです。

◀首里城正殿《しゅりじょうせいでん》の土台となった石積みの基壇《きだん》の遺産《いさん》で、時代ごとに石の組み方や石材の大きさのちがいなどがわかる貴重《きちょう》な資料《しりょう》となっています。

首里城《しゅりじょう》の歴史《れきし》

13 世紀末～ 14 世紀初　首里城創建《しゅりじょうそうけん》
1429 年　琉球王国成立《りゅうきゅうおうこくせいりつ》
1453 年　内乱《ないらん》により１度目の焼失
1456 年　再建《さいけん》された首里城《しゅりじょう》が『李朝実録《りちょうじつろく》』（朝鮮半島《ちょうせんはんとう》の歴史書《れきししょ》）に記される
1509 年　正殿《せいでん》に大龍柱《だいりゅうちゅう》を設置《せっち》（入口の両脇《りょうわき》に立つ龍《りゅう》の柱）
1660 年　２度目の焼失
1671 年　再建《さいけん》
1709 年　３度目の焼失
1715 年　再建《さいけん》
1879 年　琉球王国《りゅうきゅうおうこく》が崩壊《ほうかい》し、沖縄県誕生《たんじょう》。首里城《しゅりじょう》日本へ明《あ》け渡《わた》し、軍隊《ぐんたい》が駐屯《ちゅうとん》した後、校舎《こうしゃ》として利用
1924 年　建物を生かして「沖縄神社」創立《そうりつ》
1945 年　沖縄戦により４度目の焼失
1992 年　復元《ふくげん》、首里城公園《しゅりじょうこうえん》開園
2000 年　首里城跡《しゅりじょうあと》が「琉球王国《りゅうきゅうおうこく》のグスク及《およ》び関連遺産群《いさんぐん》」として世界遺産《せかいいさん》に登録
2019 年　火災《かさい》により５度目の焼失

▲ 1992 年に再建《さいけん》された首里城《しゅりじょう》。2019 年の焼失からの復元《ふくげん》完成は 2026 年の予定です。

▶ 2019 年の火災《かさい》による焼《や》け跡《あと》。

（写真：内閣府沖縄総合事務局 国営沖縄記念公園事務所）

令和の首里城再建《しゅりじょうさいけん》の意義《いぎ》

●シンボルとしての復元《ふくげん》

見上げれば見えていた赤い屋根。それがある日を境《さかい》に見えなくなってしまったことで、心にぽっかり穴《あな》があいてしまったようだという声も多く上がりました。火災後《かさいご》、すぐに市民や県、国、地元企業《きぎょう》や教育機関などから再建《さいけん》の活動がはじまりました。さらに再建《さいけん》の様子を見られるようにし、観光資源《かんこうしげん》としても活用することで、形だけではない存在感《そんざいかん》を維持《いじ》しています。

●文化を受けつぐ

首里城《しゅりじょう》の建築には多くの技《わざ》がつまっています。研究者や職人《しょくにん》、学生たちが交流をもちながら再建《さいけん》にいどむことで、広く文化を継承《けいしょう》していくことになります。また、琉球王国《りゅうきゅうおうこく》時代に首里城《しゅりじょう》の造営《ぞうえい》・修復《しゅうふく》のときにおこなわれた儀式《ぎしき》「木曳式《こびきしき》」も再現《さいげん》しました。

◀沖縄本島の北部から切り出した木材を運ぶ木曳式《こびきしき》の儀式《ぎしき》。

●地域住民《ちいきじゅうみん》の参加

ボランティアやワークショップなど、住民が参加できる企画《きかく》もさまざまおこなわれています。参加することで、より親しみのある再建《さいけん》・首里城《しゅりじょう》となるでしょう。

●クラウドファンディング、基金《ききん》など

さまざまなかたちで寄付《きふ》をつのって、再建《さいけん》の一部費用《ひよう》にしています。インターネットによるクラウドファンディングでは国内外から多くの寄付《きふ》が集まりました。首里城《しゅりじょう》、ひいては沖縄への関心の高まりが見えてきます。

▲再建《さいけん》で再利用《さいりよう》される赤瓦《あかがわら》のしっくいをはがすボランティアの様子。

▲県内大学と連携《れんけい》し、首里城《しゅりじょう》と沖縄の歴史《れきし》・文化の復興《ふっこう》をテーマにしたシンポジウムを開催《かいさい》。

クイズで楽しむ和建築！

江戸《えど》東京たてもの園にある、古い日本の建物の写真を見ながら、クイズにチャレンジしてみましょう。考えながら見ることで、和建築をより興味深《きょうみぶか》く知ることができ、身近に感じることができるはずです。

※答えは25ページの下にあります。

Q1 かやぶき屋根の上にある小さな屋根は、なんのため？

ヒント：あるものを出すためにつけられています。

▲吉野家《よしのけ》（農家）外観［江戸《えど》時代後期］

Q2 かやぶき屋根の家でのいろりは、暖房《だんぼう》・煮炊《にた》きのほかに、どんな役割《やくわり》がある？

ヒント：一家だんらんの役目もありますが、火をたいたときに出る、煙《けむり》が役にたっています。

▲吉野家《よしのけ》（農家）室内［江戸《えど》時代後期］

Q3 外履《そとば》きのまま入る土間《どま》。むかしはある部屋の役割《やくわり》もしていましたが、なんでしょう。

ヒント：左の写真では右側に、右の写真では中央に、大事なものがあります。

▲綱島家《つなしまけ》（農家）土間《どま》［江戸《えど》時代中期］

▲八王子千人同心組頭《はちおうじせんにんどうしんくみがしら》の家 土間《どま》［江戸《えど》時代後期］

Q4 下がスカスカで屋根しかない？ この建物はなんでしょう。

ヒント：稲作《いなさく》がはじまったころに誕生《たんじょう》しました。

▲奄美《あまみ》の高倉［江戸《えど》時代末期ごろ］

Q5 明治時代に建てられたぜいたくな家です。いまでは当たり前だけど、当時とても高級だったものは？

ヒント：江戸《えど》時代までの建物にはつかわれていませんでした。

▲高橋是清邸《たかはしこれきよてい》［1902（明治35）年］

Q6 左右対称《さゆうたいしょう》のこの建物はな～んだ？

ヒント：入り口で左右に分かれて入ります。すぐとなりに背の高いへいがあり、中の様子が見られません。

▲子宝湯《こだからゆ》［1929（昭和4）年］

Q7 北側の窓《まど》や天井《てんじょう》にくもりガラスをはめ、天候に関係なく光を取り入れる工夫をした仕事場です。なにをするための部屋でしょう。

▼常盤台写真場《ときわだいしゃしんじょう》

［1937（昭和12）年］

ヒント：この部屋の1937年の様子です。いまはスマートフォンでもできます。

答え

Q1：「けむ出し」という名前で、いろりで火をたいたけむりを出す役目があります。空気を入れかえる、換気《かんき》の役割《やくわり》もあります。　Q2：材木や屋根が煙《けむり》でいぶされることで、虫よけやくさり予防《よぼう》、殺菌《さっきん》になっています。　Q3：台所（キッチン）です。ガスや電気はなく、昔は薪《まき》で火を起こして煮炊《にた》きをしたので、土間《どま》なら汚《よご》れても安心です。　Q4：高床倉庫《たかゆかそうこ》です。屋根の内部に穀物《こくもつ》を保存《ほぞん》し、湿《しっ》気《け》やネズミなどの害《がい》から守ることができます。　Q5：ガラスです。透明《とうめい》なガラスのおかげで、窓《まど》をしめても室内が明るくなりました。　Q6：銭湯《せんとう》（お風呂屋さん）です。入り口で男女が分かれて入って服をぬぐので、外から見えない方がいいですよね。　Q7：写真撮影《しゃしんさつえい》をするスタジオでした。当時は照明設備《しょうめいせつび》が発達していなかったので、自然光を取り入れる工夫が必要でした。

もっと和建築を知ろう

和建築の歴史《れきし》

日本の建築はどのように進化・変化していったのか、見ていきましょう。それには、文化や政治《せいじ》、宗教《しゅうきょう》、人々のくらしの変化などの背景《はいけい》が大きく関係しています。

和建築のはじまり

日本の建築物で、もっとも古いかたちと考えられるのが、縄文《じょうもん》時代の竪穴住居《たてあなじゅうきょ》です。円形または四角に地面を掘《ほ》り下《さ》げて床面《ゆかめん》にし、柱を立てる位置に穴《あな》を掘《ほ》って木を立て（掘立柱《ほったてばしら》）、縄《なわ》やツルなどで結び、草などでおおって空間をつくりました。集団《しゅうだん》でくらし、狩《しゅ》猟《りょう》・漁業・採集《さいしゅう》も共同でおこない、家も協力してつくっていたと考えられます。集落には食物の保存《ほぞん》を目的とした高床倉庫《たかゆかそうこ》が建てられました。青森県にある紀元前《きげんぜん》3500～2000年ごろの三内丸山《さんないまるやま》遺跡《いせき》には、大型《おおがた》の建物跡《あと》も見つかっています。

縄文《じょうもん》時代後期から弥生《やよい》時代になると、稲作《いなさく》などとともに、大陸から建築の文化も渡《わた》ってきたようです。木をうすく割《わ》り「板」の状態《じょうたい》にしてかべなどをつくる技術《ぎじゅつ》が可能《かのう》になり、高床倉庫《たかゆかそうこ》や神をまつる祭場など、大事な施設《しせつ》をつくるのにつかわれるようになります。また、集落が大きくなり、集落間に争いが生まれると、「環濠集落《かんごうしゅうらく》」と呼《よ》ばれる濠《ほり》で囲《かこ》んで自分たちの身を守る住まいがつくられました。

つづく古墳《こふん》時代には、日本のあちこちで権力者《けんりょくしゃ》が統治《とうち》するようになり、その権力《けんりょく》の象徴《しょうちょう》として大きな墓《はか》や家が建てられるようになりました。円墳《えんぷん》や方墳《ほうふん》、前方後円墳《ぜんぽうこうえんふん》などには石がつかわれました。家は大きく複雑《ふくざつ》なかたちで権威《けんい》をあらわしていたようです。

▲▶縄文《じょうもん》時代の三内丸山《さんないまるやま》遺跡《いせき》の竪穴住居跡《たてあなじゅうきょあと》と復元《ふくげん》した竪穴住居《たてあなじゅうきょ》。

▲弥生《やよい》時代の吉野ケ里遺跡《よしのがりいせき》の復元《ふくげん》した環濠集落《かんごうしゅうらく》の様子。

仏教《ぶっきょう》とともに伝来した技術《ぎじゅつ》

古墳《こふん》時代から飛鳥《あすか》時代に入るころに大陸から仏教《ぶっきょう》が伝わってきました。6世紀《せいき》の後半には国の宗教《しゅうきょう》として信仰《しんこう》されるようになり、豪《ごう》族《ぞく》であった蘇我氏《そがし》が587年に寺院建設《じいんけんせつ》を発願し、朝鮮《ちょうせん》半島の百済《くだら》から職人《しょくにん》を呼《よ》び寄《よ》せ、はじめて日本に建てたのが法興寺《ほうこうじ》（または元《がん》興寺《ごうじ》ともいわれ、のちに飛鳥寺《あすかでら》になる）です。造営《ぞうえい》にあたっては寺《てらの》工《たくみ》、露盤博士《ろばんのはかせ》、瓦博士《かわらのはかせ》、画工《がこう》などが派遣《はけん》されたことが『日本書紀』や『元興寺伽藍縁起并流記資財帳《がんごうじがらんえんぎならびにりゅうきしざいちょう》』に記されています。現在《げんざい》残っているのは仏像《ぶつぞう》だけですが、発掘調査《はっくつちょうさ》により、中央に塔《とう》が建ち、周りを3つの金堂《こんどう》（仏像《ぶつぞう》を安置する建物）が囲《かこ》んでいたことがわかっています。こうした仏教《ぶっきょう》建築の建物の配置を伽藍《がらん》といい、その後、時代に応《おう》じてさまざまなかたちがつくられるようになります。

このとき採用《さいよう》されたのが礎石《そせき》をつかう柱の建て方です。柱を立てる位置に石をうめ、その上に木の柱を立てることで、根元がくさりにくくなりました。また、大きな仏像《ぶつぞう》を安置するための空間をつくるための柱の配置や、大きく重い瓦屋根《かわらやね》をささえるための組物やたる木の工夫など、多くの新しい建築技術《ぎじゅつ》が用いられました。

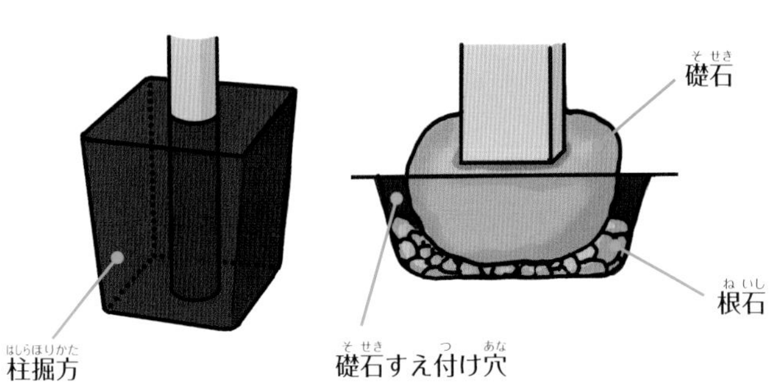

時代によって生まれた建築様式

607年に建てられた法隆寺《ほうりゅうじ》は、670年に火災《かさい》で焼失しますが、7世紀《せいき》後半に再建《さいけん》されます。そのときに建てられた金堂《こんどう》は、現在《げんざい》残っている世界最古の木造《もくぞう》建築といわれ、日本最古の和釘《わくぎ》（太く角ばった軸《じく》の釘《くぎ》）がつかわれたとされています。

奈良時代に入り、聖武天皇《しょうむてんのう》が仏教《ぶっきょう》の力で日本を守るようにと各地（約70か所）に国分寺《こくぶんじ》を建てるよう発令しました。このプロジェクトは国民に大きな負担《ふたん》をかけましたが、全国に建築技術《ぎじゅつ》が広まることにもなりました。

京都へ都をうつした平安時代、平安京内では寺院建設《じいんけんせつ》がおこなわれず、当時はやっていた密教《みっきょう》の寺院は山の中に、その地形を生かしてつくられました。また遣唐使《けんとうし》の廃止《はいし》があり、大陸との交流が少なくなったため、日本独自《どくじ》の建築文化が発展《はってん》します。貴族《きぞく》の住まいであり社交場となったのが「寝殿《しんでん》づくり」の邸宅《ていたく》です。固定された仕切りが少なく、用途《ようと》に応じて屏風《びょうぶ》や御簾《みす》、几帳《きちょう》などで区切っていました。また、建築と庭が一体となった表現《ひょうげん》も特徴《とくちょう》のひとつです。

複雑《ふくざつ》で豪華《ごうか》になっていく仏教《ぶっきょう》寺院に対し、神社建築はその技術《ぎじゅつ》を生かしながら、高床構造《たかゆかこうぞう》で、板かべ、切妻屋根《きりづまやね》が多く、直線的で洗練《せんれん》された美しさが特徴《とくちょう》になっていきます。

武士《ぶし》が権力《けんりょく》をもつ鎌倉《かまくら》時代になると、ふたたび大陸との往来《おうらい》がはじまり、禅宗《ぜんしゅう》が入ってくると同時に、当時の中国（宗《そう》）の建築文化も導入《どうにゅう》されました。また、和建築の趣《おもむき》の特徴《とくちょう》でもある、深く美しい軒《のき》も発展《はってん》します。屋根を二重構造《にじゅうこうぞう》にして「はね木」（13ページ参照《さんしょう》）でささえる技術《ぎじゅつ》もこのころ生まれました。

▲13ページではね木を組んでいる様子を紹介《しょうかい》した、大阪府の廣國《ひろくに》神社の外観。

室町《むろまち》時代から安土桃山《あづちももやま》時代にかけて2つ大きな建築様式が登場しました。ひとつは織田信長《おだのぶなが》がはじめて建てた城郭《じょうかく》の天守《てんしゅ》です。信長《のぶなが》は天守《てんしゅ》に住んでいたといわれていますが、住まずにおもに戦《いくさ》のときにつかっていた天守《てんしゅ》が多かったようです。もうひとつは茶室《ちゃしつ》です。「にじり口」と呼《よ》ばれる、腰《こし》をかがめないと入れないとても小さな入り口から入り、四畳半《よじょうはん》やそれ以下の小さな座敷《ざしき》で、亭主《ていしゅ》と客が身分に関係なく座《ざ》をひとつにするかたちが特徴《とくちょう》です。

四天王寺《してんのうじ》と世界最古の企業《きぎょう》

四天王寺《してんのうじ》は日本最初の寺院である法興寺《ほうこうじ》と同時期に（諸説《しょせつ》あります）、聖徳太子《しょうとくたいし》（厩戸皇子《うまやどのおうじ》）の発願で建てられといわれています。百済《くだら》から派遣《はけん》された工匠《こうしょう》は、それぞれ姓《せい》（苗字《みょうじ》）を与《あた》えられ日本に残ることになります。そのひとり金剛重光《こんごうしげみつ》は、四天王寺《してんのうじ》建立《こんりゅう》後《ご》もこの地に残り、伽藍《がらん》の増築《ぞうちく》や修復《しゅうふく》などにたずさわりました。これが金剛組《こんごうぐみ》のはじまりです。金剛家《こんごうけ》は四天王寺《してんのうじ》専属《せんぞく》の宮大工《みやだいく》となり、江戸《えど》時代まで代々四天王寺《してんのうじ》から禄《ろく》（給与《きゅうよ》）を受けていました。明治時代からはそれまで受けついできた技術《ぎじゅつ》をほかの社寺の建築・修復《しゅうふく》などに生かし、活動するようになり、現在《げんざい》まで続く約1450年の歴史《れきし》をもつ世界最古の企業《きぎょう》といわれるようになりました。

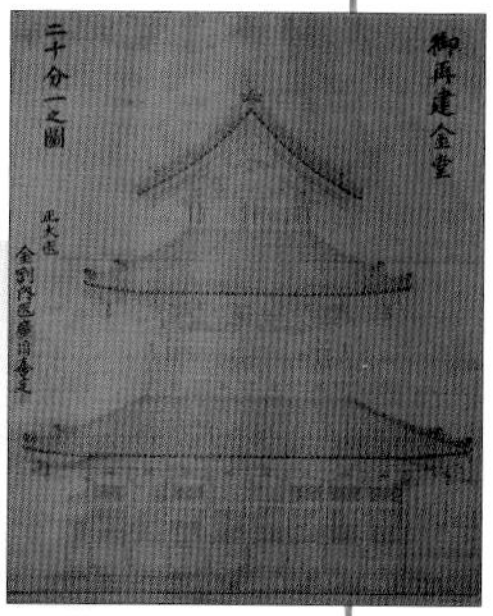

▲四天王寺金堂《してんのうじこんどう》の図面と、現在《げんざい》の金堂《こんどう》（コンクリート工法採用《さいよう》）。

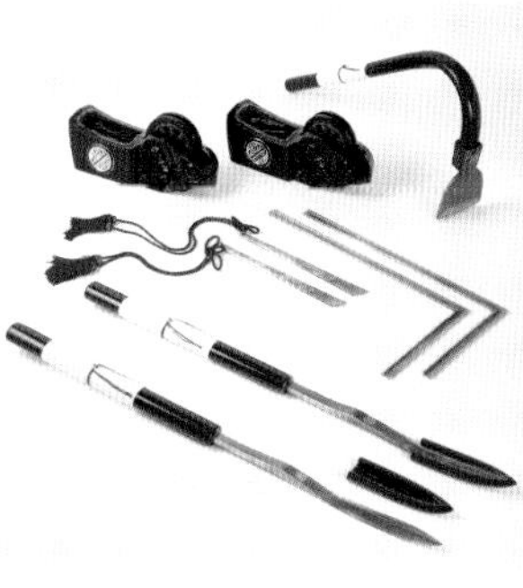

▲四天王寺《してんのうじ》の金堂《こんどう》でおこなわれる「ちょんな始め式」では、毎年1月11日に金剛組《こんごうぐみ》・金剛家《こんごうけ》・宮大工《みやだいく》が参列して右の道具をつかいます。左は『摂津名所図会《せっつめいしょずえ》』（1798年）にえがかれた様子です。

◀四天王寺境内《してんのうじけいだい》にある番匠堂《ばんしょうどう》。番匠《ばんしょう》とは大工のことで、大工技術《だいくぎじゅつ》の始祖《しそ》とされる聖徳太子《しょうとくたいし》をまつるために建立《こんりゅう》されました。さし金（直角の定規《じょうぎ》）を手にした聖徳太子像《しょうとくたいしぞう》が安置されています。

江戸《えど》時代に登場した新技術《ぎじゅつ》「木割《きわり》」

建築は複数人《ふくすうにん》の共同作業でおこなわれるため、古代は模型《もけい》をつくったり、建物が複雑《ふくざつ》になると図面をかいたりして、職人同士《しょくにんどうし》の作業を確認《かくにん》しあっていました。現在《げんざい》残っている日本最古の建築図面は、奈良時代にかかれた「東大寺殿堂図《とうだいじでんどうず》」です。こうした図面は建てるときだけでなく、修復《しゅうふく》や、倒壊後《とうかいご》の再建《さいけん》などにも役立ちます。これらは現場《げんば》の棟梁《とうりょう》が、依頼者《いらいしゃ》の希望や使用目的によって、各自の裁量《さいりょう》でつくられるものでした。

江戸《えど》時代に入って時代が落ち着くと、都市部に多く人が集まるようになり、人口も増加《ぞうか》し、建築物も多く建てられるようになりました。そんななか、和建築の設計《せっけい》システムともいえる「木割《きわり》」を体系化した『匠明《しょうめい》』（平内政信《へいのうちまさのぶ》 著《ちょ》・1608年）が版本《はんぽん》となり、マニュアル的につかわれるようになりました。具体的には、建物の種類ごとに様式と規模《きぼ》を分け、各部材の寸法《すんぽう》を比例関係《ひれいかんけい》で算出し、屋根の勾配《こうはい》やたる木の本数などを示《しめ》しています。こうして代々つづいてきた家の職業《しょくぎょう》であった大工が分家しやすくなり、職人人口が増《ふ》え、江戸《えど》時代の建築ラッシュをささえたとも考えられています。その一方で、木割書《きわりしょ》の広まりにより、建物のかたちが均一化《きんいつか》してしまったと、それ以前の建物のおおらかさをなつかしむ声も出ています。

▲『衣喰住之内家職幼絵解ノ図《いしょくじゅうのうちかしょくおさなえときのず》』（1873年）二代目歌川国輝《うたがわくにてる》 画

家を建てる工事の様子を20に分けてえがいています。明治時代初期の錦絵《にしきえ》ですが、江戸《えど》時代にも同じように作業していたことでしょう。

左から、太い角材から板を切り出す様子、建物を建てるための部材づくり、棟上《むねあ》げをしているところです。

西洋技術導入《ぎじゅつどうにゅう》による変化

江戸《えど》時代の鎖国政策《さこくせいさく》が終わりを迎《むか》え、明治時代になると、一気に国全体が西洋の文化や生活を積極的《せっきょくてき》に取り入れようとしました。1870年には工部省《こうぶしょう》が設置《せっち》され、「おやとい外国人」（職業技能《しょくぎょうぎのう》をもった外国人）が採用《さいよう》され、土木建築などさまざまな産業で活躍《かつやく》しました。

文明開化のシンボルである、鹿鳴館《ろくめいかん》を設計《せっけい》したコンドル（Josiah Conder）はイギリスから来日しました。そして、西欧《せいおう》の建築学の教育制度《せいど》を導入《どうにゅう》し、日本人建築家を本格的《ほんかくてき》に育てたことでも大きく評価《ひょうか》されています。ここで学んだ第一期の卒業生には、東京駅を設計《せっけい》した辰野金吾《たつのきんご》もいました。

また、西洋人の建築家が設計《せっけい》した図面をもとに、日本の職人《しょくにん》が見よう見まねで建てた西洋風の建築を「擬洋風建築《ぎようふうけんちく》」といいます。従来《じゅうらい》の和風建築の技術《ぎじゅつ》を駆使《くし》しながら、見たこともない洋風スタイルの建築に挑《いど》んだ技術者《ぎじゅつしゃ》たちの質《しつ》の高さと心意気が感じられます。学校や教会などにその様式が見られます（7～9ページ参照《さんしょう》）。

工法にも変化が訪《おとず》れます。これまで軸組工法《じくぐみこうほう》が一般的《いっぱんてき》でしたが、れんが造《ぞう》、石造《せきぞう》、コンクリート造《ぞう》、鉄骨造《てっこつぞう》などの工法も入ってきました。火災《かさい》に強い建築構造《こうぞう》ですが、費用《ひよう》がかかるため、おもに公共的な建物に採用《さいよう》されました。

▶「東京銀座要路煉瓦石造真図《とうきょうぎんざようろれんがいしづくりしんず》」（1873年）二代目歌川国輝《うたがわくにてる》 画

明治初期にえがかれた銀座《ぎんざ》の街の様子。石やれんがの建物が並《なら》び、美しい都市景観をつくっています。

災害《さいがい》に強い建物へ

日本ではじめて建築に関する法律《ほうりつ》ができたのは大正時代の1919年で「市街地建築物法」です。都市計画をひとつの目的としてつくられました。その4年後に関東大震災《かんとうだいしんさい》がおこり、大変な被害《ひがい》がありました。これを受けてよく年に同法律《どうほうりつ》に耐震基準《たいしんきじゅん》が組みこまれ、軸組《じくぐみ》でできた枠《わく》にななめの「筋交《すじか》い」を入れるなどの規定《きてい》がされます。

そして1945年に第二次世界大戦が終わり、焼け野原があちこちにあり、住居《じゅうきょ》がまったくたりない状態《じょうたい》のなか、1950年に「建築基《き》準法《じゅんほう》」が施行《しこう》されました。その目的は第一条《じょう》に以下のように明記されています。

この法律《ほうりつ》は、建築物の敷地《しきち》、構造《こうぞう》、設備及《せつびおよ》び用途《ようと》に関する最低の基《き》準《じゅん》を定めて、国民の生命、健康及《およ》び財産《ざいさん》の保護《ほご》を図《はか》り、もつて公共の福祉《ふくし》の増進《ぞうしん》に資《し》することを目的とする

これではじめて建築物全般《ぜんぱん》の法律《ほうりつ》ができ、さまざまな災害《さいがい》を経験《けいけん》しながら、少しずつ変わっていきました。大きな災害《さいがい》と法律《ほうりつ》のおもな改正内容《かいせいないよう》は以下に記します。

【1978年宮城県沖地震《おきじしん》】
⇒ 1981年改正
・基礎構造《きそこうぞう》を鉄筋《てっきん》コンクリート造《ぞう》に規定《きてい》
・木造軸組工法《もくぞうじくぐみこうほう》ではかべの強化が必要に

【1995年阪神淡路大震災《はんしんあわじだいしんさい》】
⇒ 2000年改正
・柱などの接合部《せつごうぶ》に金物を設置《せっち》
・かべの配置バランスに規定《きてい》
・住宅《じゅうたく》の品質《ひんしつ》に「耐震等級《たいしんとうきゅう》」を導入《どうにゅう》

【2011年東日本大震災《だいしんさい》】
⇒ 2014年改正
・大規模空間《だいきぼくうかん》のある建物の天井《てんじょう》落下防止措置《ぼうしそち》の義務付《ぎむづ》け
・エレベーターやエスカレーターなどの地震《じしん》や振動《しんどう》に対して脱落防止措置《だつらくぼうしそち》をとる規定《きてい》

【2019年令和元年房総《ぼうそう》半島台風】
⇒ 2022年改正
・瓦屋根《かわらやね》が強風で飛ばされないようにするガイドラインを導入《どうにゅう》

こうした改正により、各社は耐震実験《たいしんじっけん》をするなどしてより耐震性《たいしんせい》の高い住宅をつくるために研究し、技術《ぎじゅつ》を高めてきました。2016年の熊本地震《じしん》では、耐震等級《たいしんとうきゅう》に見合った倒壊《とうかい》の結果が見られ、この基準《きじゅん》の整合性《せいごうせい》が証明《しょうめい》されたと考えられています。

住宅工法《じゅうたくこうほう》いろいろ

日本の家は現在《げんざい》、軸組工法《じくぐみこうほう》と枠組工法《わくぐみこうほう》が2大工法として採用《さいよう》されています。
また、そのほかにも工期の時間短縮《たんしゅく》ができる工法や、費用《ひよう》がかかるけれども丈夫《じょうぶ》な建物がつくれる工法などもあります。それぞれの特徴《とくちょう》を見てみましょう。

●在来軸組工法《ざいらいじくぐみこうほう》

単に軸組工法《じくぐみこうほう》ともいわれ、日本で古くから伝わる宮大工《みやだいく》の技法《ぎほう》を取り入れた工法です。材木で縦横《たてよこ》組んだ軸《じく》を基本構造《きほんこうぞう》として、屋根板やかべ材、床材などをとりつけてつくります。縦横《たてよこ》だけの軸《じく》では地震《じしん》に弱いため、斜《なな》めに部材を加える「筋交《すじか》い」で強度を高めています。

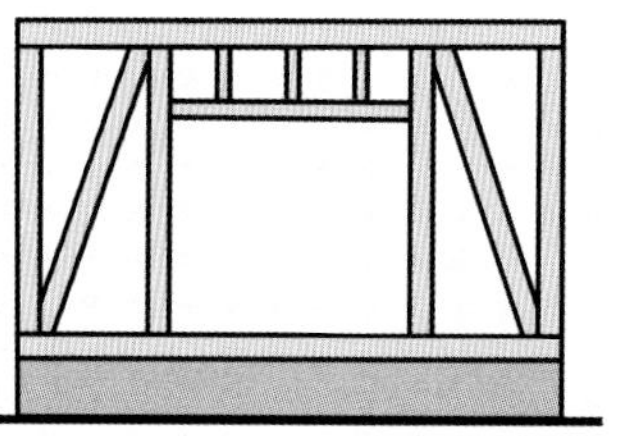

●枠組工法《わくぐみこうほう》

2×4《ツーバイフォー》工法ともいわれ、切り口が2×4インチ（約4×9cm）の材木でつくった枠《わく》に合板の板をはめ、それを基本構造《きほんこうぞう》として組み合わせてつくります。DIY《ディーアイワイ》（一般《いっぱん》の人自身）で家をつくれるようにと、カナダで生まれた工法です。面の組み合わせのため、外からの力に強く、気密性《きみつせい》が高い特徴《とくちょう》があります。

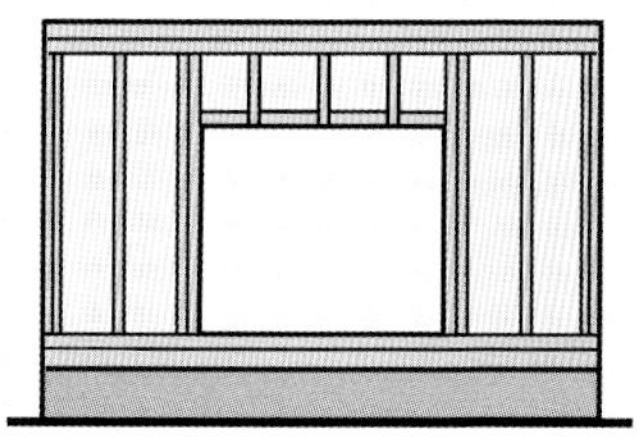

●プレハブ

工場で、ある程度《ていど》の形につくったものを、現場《げんば》で組み合わせる工法のことで、木材、鉄骨《てっこつ》、コンクリートなど、さまざまな素材《そざい》でおこなわれています。南極の昭和基地《しょうわきち》でも、現場《げんば》で工事が必要ないということから、この工法が採用《さいよう》されました。

●鉄骨造《てっこつぞう》

鉄骨《てっこつ》は木材よりも丈夫《じょうぶ》なため、柱やかべを減《へ》らした設計《せっけい》が可能《かのう》になります。

●鉄筋コンクリート造《ぞう》

RC《アールシー》造《ぞう》ともいわれます。コンクリートの中に鉄の棒《ぼう》を通して強度を高めたつくりです。ビルや土木建築など、巨大建造物《きょだいけんぞうぶつ》にも使われます。

●丸太組工法

ログハウスのことです。材木を横に積み上げてかべをつくる工法です。丸太のイメージがあるかもしれませんが、角材でも多くつくられています。

歴史的建造物《れきしてきけんぞうぶつ》の継承《けいしょう》

日本にはすばらしい歴史的建造物《れきしてきけんぞうぶつ》がたくさん残っています。これはどうしてなのか、どうやって残してきたのかを見ていきましょう。

神社や寺は江戸《えど》時代まで国に守られてきました。彼らは広大な領《りょう》地《ち》をもっていましたが、明治時代に入ると「社寺上知令《じょうちれい》」が発布《はっぷ》され、境内《けいだい》以外の土地が政府《せいふ》のものとなりました。また、仏教を否定《ひてい》する廃仏毀釈《はいぶつきしゃく》運動が民衆《みんしゅう》の中から起こるなど、さまざまな要因《よういん》が重なり、社寺は経済的基盤《けいざいてききばん》と権力《けんりょく》を失い荒廃《こうはい》が進み、歴史的建造物《れきしてきけんぞうぶつ》や仏像《ぶつぞう》、宝物類《ほうもつるい》が傷《いた》んだり、失われたりして社会問題となりました。そこで、明治政府《せいふ》は 1897 年に「古社寺保存法《ほぞんほう》」を制定《せいてい》しました。文化的や美術的《びじゅつてき》に価値《かち》のある歴史的建造物《れきしてきけんぞうぶつ》の社寺を「特別保護建造《ほごけんぞう》物《ぶつ》」と定め、政府《せいふ》が資金《しきん》を出して保存《ほぞん》するようになったのです。沖縄の首里城《しゅりじょう》が一時「沖縄神社」となりましたが、これは建物を保存《ほぞん》するための計画でした。

昭和時代に入り、1929 年には「国宝保存法《こくほうほぞんほう》」が公布《こうふ》され、社寺に限定《げんてい》していた対象物《たいしょうぶつ》を個人《こじん》所有や公共団体所有の建造物《けんぞうぶつ》にまで拡《かく》大《だい》します。第二次世界大戦後の 1950 年には「文化財保護法《ぶんかざいほごほう》」が制《せい》定《てい》され、民家や洋風建築、近代化遺産《いさん》、近世社寺、近代和風建築、史跡《しせき》など対象《たいしょう》がさらに広がりました。

高度経済成長期《こうどけいざいせいちょうき》には、急激《きゅうげき》な土地開発や生活環境《かんきょう》の変化などがあり、歴史的《れきしてき》な町並《まちな》みの保存《ほぞん》の必要性《ひつようせい》が高まり、1975 年に「伝統的《でんとうてき》建造物群保存地区制度《けんぞうぶつぐんほぞんちくせいど》」がはじまり、集落や町並《まちな》みごと保存《ほぞん》する取り組みがおこなわれるようになりました。

▲岐阜県「高山陣屋《たかやまじんや》」
高山藩《たかやまはん》の藩主《はんしゅ》の下屋敷《しもやしき》でしたが、1692 年以降《いこう》、飛騨地域《ひだちいき》の役所（江戸《えど》時代：代官所・郡代所、明治時代～昭和 44 年：県事務所《じむしょ》）としてつかわれてきました。この地の歴史《れきし》・文化を色濃《いろこ》く残しているとして、国指定史跡《くにしていしせき》になっています。

環境《かんきょう》と人にやさしい建築

日本の建築はさまざまに変化・進化してきましたが、近年では世界的な流れで、環境《かんきょう》と人にやさしい建築が求められています。

日本の家は長い間ずっと、蒸《む》し暑《あつ》い夏を快適《かいてき》に過ごせるようにと工夫されてきたため、通気性《つうきせい》のよさが求められてきました。しかし技術《ぎじゅつ》の進歩もあり、いまでは断熱性《だんねつせい》の高い家づくりが推奨《すいしょう》されるようになりました。2017 年に施行《しこう》、現在《げんざい》までに何度も改正された「建築物省エネ法」により、気密性《きみつせい》・断熱性《だんねつせい》の高い建物にして冷暖房家《れいだんぼうか》電《でん》の使用を抑《おさ》えることで省エネを促進《そくしん》させたり、太陽光発電などの自家発電をうながしたり、建築時に出す炭素《たんそ》の量を減《へ》らして脱炭素《だつたんそ》化《か》へ導《みちび》くなど、さまざまな取り組みがおこなわれるようになりました。これらは省エネになるだけでなく、環境《かんきょう》や人に対してもやさしい建物になる取り組みになります。

たとえば、気密性《きみつせい》・断熱性《だんねつせい》の高い家に住むことで、家全体が過ごしやすい温度に保《たも》ちやすくなり、急な気温差による血液《けつえき》や心臓《しんぞう》の病気のリスクを減《へ》らすことができます。

建物の木材活用もすすめられています。世界的には緑が少なく森林を増《ふ》やす試みがされていますが、日本はすでに国土の 7 割《わり》ほどが森林のため増《ふ》やしにくいのが現状《げんじょう》です。また、林の年齢《ねんれい》（林齢《りんれい》）を 10 年区切りで炭素《たんそ》の吸収量《きゅうしゅうりょう》を調べた結果、建築資材《しざい》として多く使われるスギやヒノキは、植林されてから 11 ～ 20 年の間に最も吸《きゅう》収量《しゅうりょう》が高くなり、その後下がっていくことがわかっています（右グラフ）。ですから、木を利用して再《ふたた》び植林することで、林の高齢化《こうれいか》を防《ふせ》ぎ、より多くの炭素《たんそ》を吸収《きゅうしゅう》する林が維持《いじ》できるようになります。また、炭素《たんそ》を吸収《きゅうしゅう》した木をそのまま建物や家具などに活用することで、炭素《たんそ》が長期間排出《はいしゅつ》されない「炭素固定《たんそこてい》」の状態《じょうたい》になります。さらに木をつかった建物で過《す》ごすことは、いやしの効果《こうか》があるといわれていますから、人の心の健康にも役立つと考えられます。住宅《じゅうたく》だけではなく、公共施設《しせつ》やオフィスビルなども、これからますます木《もく》造化《ぞうか》がすすんでいくでしょう。

樹種別《じゅしゅべつ》・林齢別炭素吸収量《りんれいべつたんそきゅうしゅうりょう》

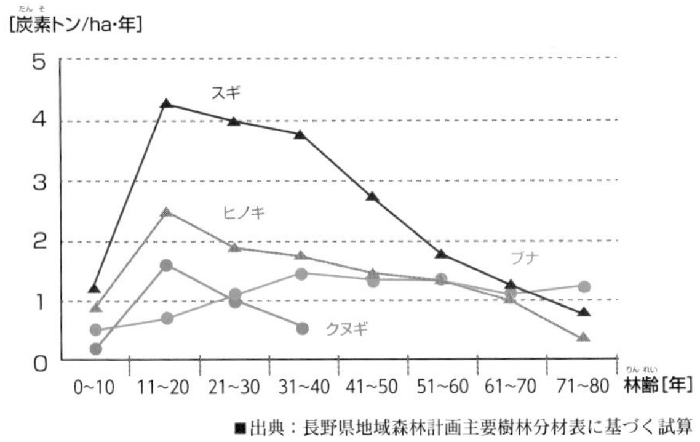

■出典：長野県地域森林計画主要樹林分材表に基づく試算

和建築にかかわる仕事をするには

将来《しょうらい》、魅力《みりょく》たっぷりの和建築とかかわる仕事につくにはどうすればいいのか、見ていきましょう。たくさん職種《しょくしゅ》があるので、知っておくことが大切です。

和建築をたくさん見よう

みなさんの住んでいる周りにも、たくさんの和建築があるでしょう。もしかしたら、住んでいる家がそうかもしれません。最近では現在《げんざい》の技術《ぎじゅつ》を生かしながら、デザインに和風な要素《ようそ》を取り入れている家も多くあります。また、観光に行ったときにも和建築を見る機会が多いことでしょう。いままでなんとなく見ていた建物が、この本で得《え》た知識《ちしき》をもとに観察すると興味深《きょうみぶか》く感じることができるかもしれません。まずは、和建築はもちろん、それ以外の建物もいろいろと見ることからはじめましょう。そうすることで、自分が興味《きょうみ》のある部分はどんなところなのか、どのようにかかわる仕事がしたいのか、気づけるようになるでしょう。

仕事の種類はいろいろ

和建築の仕事と聞いてはじめに考えられるのは宮大工《みやだいく》でしょう。棟梁《とうりょう》（親方《おやかた》）に弟子入《でしい》りし、修業《しゅぎょう》からはじまることが多いようです。一般的《いっぱんてき》な大工の場合は同様に弟子入《でしい》りするか、工務店《こうむてん》や住宅《じゅうたく》メーカーなどに就職《しゅうしょく》する場合があります。基本的《きほんてき》に学歴《がくれき》などは関係ありません。技術者《ぎじゅつしゃ》を育成する学校もあります。

建築士になるには国家資格《しかく》をとる必要《ひつよう》があります。大学・短大・高専《こうせん》で指定科目を学ぶことが近道です。資格《しかく》の等級により、扱《あつか》える建築物の規模《きぼ》が変わります。そのほか、建物づくりに関係する仕事としては、かべをぬったりする左官職人《さかんしょくにん》、瓦《かわら》や建具《たてぐ》（戸やふすまなど）などの部材をつくる職《しょく》もあります。住宅《じゅうたく》メーカーや建築会社に就職《しゅうしょく》して大工以外の建築にかかわる方法もあります。

ほかに、建築の研究者になる道も。大学で学芸員の資格《しかく》をとり、歴史的建造物《れきしてきけんぞうぶつ》の保護《ほご》や活用などをおこなうのもいいでしょう。

夢は自分で本堂《ほんどう》を建てること!

寒河江《さがえ》 亮太《りょうた》 さん

（株）社寺建設北野組《しゃじけんせつきたのぐみ》（金剛組匠会《こんごうぐみたくみかい》）

父が設計士《せっけいし》だったので、工業高校で学んでいるころは「大工になって、親父《おやじ》の図面でオレが建てる」なんて妄想《もうそう》をしていました。ですが、いまの住宅建築はほとんど工場でプレカットされた材木を、現場《げんば》で指示通りに組み立てるのが大工の仕事と知り、自分のやりたいことと少しちがうと考えました。技《ぎ》術《じゅつ》を身につけ、人に見てもらう仕事に就《つ》きたいと思っていたら、宮大工《みやだいく》のいまの会社に出会ったんです。

はじめは掃除《そうじ》と親方の手伝いや雑用《ざつよう》をやります。実はこれが学べるときだったんです。とにかく職人《しょくにん》さんの作業を見ていました。あまり集中して見るとうっとうしがられるので、「チラ見」が原則《げんそく》です（笑）。数か月後に、外側からは見えなくなる部分の材料加工からやらせてもらうようになります。道具類はすべて自分で管理するので、毎日研ぐのも大事な仕事です。道具はいつでも準備万端《じゅんびばんたん》にしておかないと、なにか仕事を頼《たの》まれたときに自分が困《こま》ります。そういう心構《こころがま》えが大事だと教わりました。

修行《しゅぎょう》期間は約５年間で、その後１年間「御礼奉公《おれいぼうこう》」（修行《しゅぎょう》期間と同じ給与《きゅうよ》で働く）をし、ひとりの職人《しょくにん》（宮大工《みやだいく》）になります。いつか自分がえがいた現寸《げんすん》で本堂《ほんどう》を建てられるようになりたいです。

和建築の可能性《かのうせい》

和建築は、木材の性質《せいしつ》を見極め、時代とともに進化してきた技術《ぎじゅつ》を受けつぎ、いまもつながっています。その技術《ぎじゅつ》の高さや保存《ほぞん》・修復《しゅうふく》をくり返してきたおかげで、1000 年以上前に建てられた建物がいまもいくつも残っているのです。いまの宮大工《みやだいく》の匠《たくみ》も、むかしの建物を解体して修復《しゅうふく》し、建て直すことで、その技術《ぎじゅつ》の高さを見ることができるといいます。太い柱や梁《はり》は、樹齢《じゅれい》何百年という木をつかうためとても貴重《きちょう》です。こうしたものを大事に生かしながら修復《しゅうふく》することは、日本人のものを大切にする心を表しているといえるでしょう。そして現在《げんざい》、世界的に持続可能《じぞくかのう》（サスティナブル）な社会を目指す取り組みがすすめられています。和建築の技術《ぎじゅつ》は、建築分野でのサスティナブルを実現《じつげん》しているとも考えられます。日本のほこるべき文化として、これからも大事につなげていくことが大切です。

▲太く立派《りっぱ》な材木で組まれた小屋組《こやぐみ》（岐阜県高山市《たかやまし》）。

著者…和の技術を知る会
装丁・デザイン…DOMDOM
撮影…田邊美樹、イシワタフミアキ
イラスト…あくつじゅんこ
編集協力…山田 桂

■撮影・取材協力
(株) 金剛組
https://www.kongogumi.co.jp/
(株) 杉坂建築事務所
https://www.sugisaka.co.jp/
住友林業（株）
https://sfc.jp/
江戸東京たてもの園
https://www.tatemonoen.jp/
(一財) 沖縄美ら島財団
https://www.churashima.okinawa/
沖縄県首里城復興課
https://www.pref.okinawa.lg.jp/site/doboku/shurijo/

■参考資料
『カラー版 図説 日本建築の歴史』矢ヶ崎善太郎 編／高井昭・小出祐子・岡本公秀・野村彰 著／学芸出版社 2020
『カラー版 日本建築様式史』太田博太郎・藤井恵介 監／美術出版社 2010
『日本建築のかたち／生活と建築造形の歴史』西和夫・穂積和夫 著／彰国社 1983
『日本建築史講義 木造建築がひもとく技術と社会』海野聡 著／学芸出版社 2022
『江戸東京たてもの園 解読本』（公財）東京都歴史文化財団 2019
『江戸東京たてもの園』（公財）東京都歴史文化財団 江戸東京たてもの園 2020
『江戸東京たてもの園ガイドブック』（公財）東京都歴史文化財団 江戸東京たてもの園 2009

■写真・図版・資料協力
＜カバー・表紙＞
やりガンナがけ・はね木・現寸場・四天王寺・カンナがけ・ノミ・手斧とやりガンナ・カンナ・墨つぼ：（株）金剛組、『衣喰住之内家職幼絵解ノ図』：国立国会図書館ウェブサイト（https://dl.ndl.go.jp/ja/pid/1301389/1/1）、姫路城：姫路市、綱島家（農家）：江戸東京たてもの園

P1～3＜本扉／はじめに／もくじ＞
平等院鳳凰堂：平等院、『東海道五拾三次』：国立国会図書館ウェブサイト（https://dl.ndl.go.jp/ja/pid/1309868/1/1）、有松の町並み：（公財）名古屋観光コンベンションビューロー

P4～9＜和建築の世界へようこそ＞
伊勢神宮：神宮司庁、東大寺 大仏殿：東大寺、五重塔（室生寺）：室生寺、城の天守（松江城）：（公社）島根県観光連盟、合掌づくり（白川郷）：岐阜県白川村役場、竹富島の赤瓦の町並み：竹富町観光協会、大分県立美術館：大分県立美術館、大浦天主堂：長崎県観光連盟（写真掲載については長崎大司教区の許可をいただいています）、錦帯橋：山口県観光連盟、旧金毘羅大芝居（金丸座）：琴平町教育委員会・（公社）香川県観光協会、姫路城：姫路市、平等院鳳凰堂：平等院、金沢駅・つづみ門：石川県観光連盟、神長官守矢史料館：茅野市神長官守矢史料館、川越・蔵づくりの町並み：小江戸川越観光協会、富岡製糸場：富岡市、さざえ堂（円通三匝堂）：（公財）福島県観光物産交流協会、山寺（宝珠山立石寺）：山形県、三内丸山遺跡の復元建物：三内丸山遺跡センター蔵・高中義道撮影、チセ：平取町立二風谷アイヌ文化博物館

P10～17＜和建築の技を見てみよう＞
神社や寺をつくる宮大工のスゴ技：（株）金剛組、家づくりのスゴ技：（株）杉坂建築事務所、現代の大規模木造建築：住友林業（株）

P18～21＜日本の家のいろいろなかたち＞
屋根とかべいろいろ、住む人・時代による家：江戸東京たてもの園

P22～23＜修復・再建で長く生きる和建築＞
金剛寺 大玄関の修復：（株）金剛組、首里城再建の基壇・首里城・焼け跡・ボランティア（一財）沖縄美ら島財団、首里城再建の木曳式・シンポジウム：沖縄県首里城復興課

P24～25＜クイズで楽しむ和建築！＞
江戸東京たてもの園

P26～31＜もっと和建築を知ろう＞
三内丸山遺跡：三内丸山遺跡センター蔵、吉野ケ里遺跡：佐賀県、廣國神社：（株）金剛組、四天王寺と世界最古の企業：四天王寺・（株）金剛組、『衣喰住之内家職幼絵解ノ図』：国立国会図書館ウェブサイト（https://dl.ndl.go.jp/ja/pid/1301386/1/1、https://dl.ndl.go.jp/ja/pid/2542939/1/12、https://dl.ndl.go.jp/ja/pid/1301389/1/1）
『東京銀座要路煉瓦石造真図』：東京都立中央図書館蔵、高山陣屋：高山陣屋、和建築にかかわる仕事をするには：（株）金剛組

（敬称略）

子どもに伝えたい和の技術 13　**和建築**

2023年9月　初版第1刷発行

著 …………………… 和の技術を知る会
発行者 …………… 水谷泰三
発行所 …………… 株式会社**文溪堂**　〒112-8635　東京都文京区大塚3-16-12
TEL：編集 03-5976-1511
営業 03-5976-1515
ホームページ：https://www.bunkei.co.jp
印刷・製本 ……… 図書印刷株式会社
ISBN978-4-7999-0487-9/NDC521/32P/293mm × 215mm